나뭇잎 수학놀이

- 즐겁게 배우는 영유아수학 -

황정숙 지음

창지사

자연은 모든 것을 포용하며 사랑으로 어우러지는 아름다움과 조화로움을 보여 준다. 꼭 산이나 들이 아니라도 우리가 살고 있는 주변에서 마주치는 나무와 풀, 꽃들을 보며 전공 분야인 유아수학교육과 연결해 보는 상상을 수시로 했었다. 특히 가을이 되면 형형색색으로 물든 나뭇잎과 열매들을 이용해 아이들과 의미 있게 놀이할 수 있는 방법이 얼마나 많은지에 대해 영유아 부모나 교사, 유아교육을 전공하는 학생들과 나누고 싶은 마음이 간절했다.

인류 역사와 세계 문명은 인간의 논리·수학적 사고를 기초로 발전해 왔다. 인간의 생애 중 특히 영유아기는 세상에 대한 호기심을 기초로 기본적인 수학적 지식과 개념을 구성하면서 수학에 대한 긍정적인 태도를 형성하는 결정적 시기이다. 이는 출생에서 유아기에 이르기까지 두뇌의 형성과 함께 이루어지는 영유아의 인지적 사고능력의 발달 과정과 특성에 대한 블롬(B. S. Bloom), 피아제(J. Piaget), 젠슨(R. J. Jenson) 등의 연구에 의해 밝혀져 왔다.

그러나 위와 같은 인식은 영유아의 요구·흥미와는 별도로, 성인 중심의 의도적이고 형식적인 방식의 수학교육으로 유아들에게 과도한 과업을 부과하고 있다. 이는 유아가 자발적 탐색에서 배우는 진정한 즐거움을 감소시킬 뿐 아니라 학업성취도를 오히려 저하시키는 결과로 이어진다. 또한 자연 속에서 유아들의 자유로운 경험이 중요하다고는 여기지만, 그저 구경하는 식으로 좋은 학습의 기회를 그냥 흘려 보내고 상업적 교재·교구를 경쟁하며 소비하는 부모·교사들도 있다.

이에 별도의 비용 없이 매우 쉽고 간편하게, 일상에서 마주하는 자연물로 즐겁게 수학을 경험하는 방법을 찾아, 영유아의 발달 수준에 맞추어 제시하고자 이 책을 쓰게 되었다. 이는 올해 초 발표된 교육과학기술부의 '수학교육 선진화 방안' 인 딱딱한 공식 암기와 반복적인 문제 풀이 중심의 수학을 실생활과 관련된 이야기로 쉽고 재미있게 풀어 내는 방식으로 바꾸는 운동과도 같은 맥락이다.

최근 유아수학교육의 흐름과 우리나라 유치원 교육과정과 표준보육과정에 기초하고 있는 이 책에는 세 가지 특징이 있다.

첫째, 책의 내용을 2부로 나누었다. 1부에서는 수학을 즐겁게 인식하기 위해 필요한 유아수학교육의 목적과 내용, 방법, 평가에 대한 기초 지식을 간략하고 쉽게 풀었다. 2부에서는 유아와 함께 실제 놀이를 시행하고 활용하는 데 주안점을 두어 사진과 함께 놀이할 때의 상호작용 방법을 상세히 기술하였다.

둘째, 유아교육 현장에서 직접 놀이를 해 보면서 0세에서 2세까지 영아들을 위한 놀이 30개와 3세에서 5세까지 유아들을 위한 놀이 50개를 제안하였다. 특히 감각운동기인 2세 미만의 영아들과 함께 놀이를 하면서 이들도 탐색 이상의 수학적 능력을 가지고 있음을 확인할 수 있었다.

셋째, 놀이들은 모두 집이나 주변에서 손쉽게 바로 적용할 수 있는 쉬운 것들로 선정하여 영유아들을 돌보는 데 시간과 여유가 부족한 요즘의 어른들을 배려하고자 하였다. 그리고 나뭇잎과 함께하는 수학적 경험으로 유아의 인지 발달은 물론 자연과의 교감을 통해 정서, 언어, 신체, 사회성 발달이 통합적으로 이루어질 수 있도록 하였다.

이 책에 있는 놀이의 '예' 를 적용하다 보면 일상에서 이와 유사한 상황을 포착했을 때, 현장에서 유아의 수준과 수학적 개념을 연결하여 재미있게 수학을 배우도록 할 수 있을 것이다. 이 책을 가정이나 유아교육기관에서 얼마나 의미 있게 활용하느냐는 결국 이를 적용하는 부모나 교사가 유아의 요구와 흥미에 얼마나 부합하려고 노력하느냐에 달려 있다. 부디 유아들의 인지발달 특성과 흥미를 잘 파악하여 주변의 나뭇잎과 열매, 꽃들과 함께 적극적으로 놀이해 주길 바란다.

이 책의 집필을 지원해 주신 청강문화산업대학교 이수형 미래원장님과 박동호 총장님, 미국 연수 중 한 학기 동안 UNCG CCEP 참관과 사진 촬영을 허락해 주신 밈스(Sharon Mims) 박사, 도서출판 창지사 김기섭 사장님과 직원들에게 진심으로 감사를 드린다.

여러분들의 자연과 같이 드넓은 품 속으로 이 책에 실려 있는 저자의 간절한 마음이 전해지길 빌면서….

2012년 6월

황정숙(청강문화산업대학교 유아교육과 교수)

차_례_

제2부

나뭇잎 수학놀이 80

제 1 부

영유아 수학교육은?

1. 왜 중요한가?
2. 왜 나뭇잎인가?
3. 무엇을 할까?
4. 어떻게 할까?
5. 무엇을 알았는가?

나/뭇/잎/수/학/놀/이

즐/겁/게/배/우/는/영/유/아/수/학

1. 왜 중요한가?

1) 필요성

현생 인류를 '지혜가 있는 사람' 이란 뜻의 호모 사피엔스(Homo Sapiens)라고 지칭하는 것은 린네(C. V. Linne)가 부여한 생물 학명(學名)인 동시에, 인간의 본질을 이성적인 사고 능력으로 보는 인간관을 나타내는 표현이다. 오늘날의 IT, 기초과학, 우주산업을 아우르는 첨단 과학 문명의 발달은 대뇌피질이 다른 포유류보다 훨씬 발달한 '생각하는 힘' 을 가진 인간이 이루어 놓은 성과임에 틀림없다.

인간은 태어날 때 성인 뇌의 25% 정도인 350g 정도밖에 되지 않는 뇌를 가지고 있다. 이렇게 작은 뇌가 생후 3년 만에 1,000g 정도로 성장하며 이후 10세 정도까지 빠르게 자라다가 사춘기가 지나면서 성인 뇌 무게인 1,300~1,500g에 도달하게 된다.

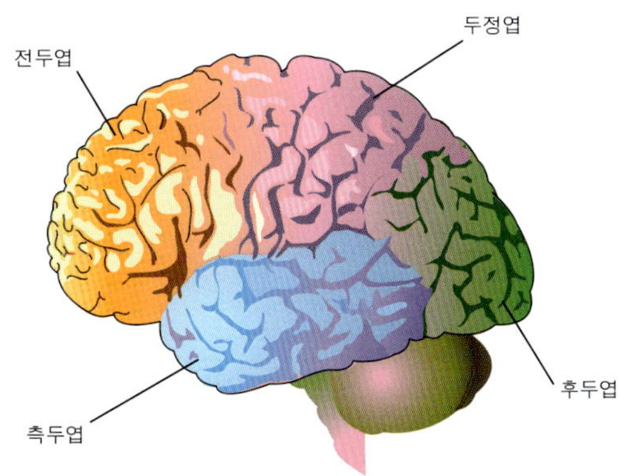

그림 1 인간의 뇌

출처: John Woodward(2009)

뇌는 앞쪽의 전두엽, 뒤쪽의 후두엽, 양옆의 측두엽, 위쪽의 두정엽 영역으로 구분되는데, 각 부위마다 관장하는 일과 시기별 성장률이 다르다.

뇌 발달 연구가들은 좌우 뇌를 연결하는 뇌량(Corpus Callosum)은 전두엽부터 후두엽 쪽으로 이동하면서 발달하는 경향이 있는데, 만 3세에서 6세경의 유아는 앞쪽의 뇌량의 성장률이 60~80%에 달한다고 한다. 신경세포의 회로는 만 3세까지 일생을 통해서 가장 활발하게 발달한다.

그러므로 이 시기에는 다양한 영역의 정보를 왕성하게 전달받을 수 있도록 하는 것이 두뇌 발달의 기초가 된다. 즉, 어느 한 부분의 뇌가 발달하는 것이 아니라 모든 뇌가 골고루 왕성하게 발달하므로 어느 한쪽으로 편중된 학습은 좋지 않다. 예를 들어서 독서만 많이 시킨다든지, 언어교육을 무리하게 시킨다든지, 카드 학습을 지속적으로 시키는 등의 일방적이고 편중된 학습 방법은 큰 도움이 되지 않는다. 즉, 잠깐 스치듯이 지나가는 정보는 신경회로를 만들긴 하지만, 곧 없어지고 만다. 오감을 자극하여 꾸준하고 지속적으로 정보를 주어야 신경회로가 튼튼하고 치밀하게 자리를 잡는다. 따라서 이 시기에 눈으로 보고, 듣고, 냄새 맡고, 만지며 서로 놀이하는 자연스러운 과정을 통해 효과적으로 '생각하는 힘'이 키워질 수가 있다(서유헌, 2009).

영유아는 그들만의 눈으로 세상을 보고 사고한다. 피아제(J. Piaget)는 유아가 주변 세계에 대해 정보를 획득하고 그 정보를 처리하는 방법에 대해 연구하여 인간의 발달 시기별로 인지 발달의 특징을 제시하였다. 어른과는 다른 영유아의 두뇌 발달과 선천적으로 타고난 인지 능력과 발달 특성에 대한 이해를 기초로 호모 사피엔스로 출발하는 영유아 수학교육이 필요한 이유이다.

한 마디 더! 1 연령별 통합적 수학교육의 필요성

전두엽은 가장 넓게 차지하고 있는 부위로 사고와 언어에 대한 일을 관장한다. 두정엽은 신체를 움직이는 일과 입체 공간적 인식 기능을 담당한다. 측두엽은 언어적 능력과 청각에 관련된 일을 한다. 후두엽은 눈으로 보고 느끼는 시각적인 정보를 담당한다.

연령별 두뇌의 발달을 보면 [그림 2]와 같이 붉은 빛이 도는 부분이 발달하고 있는 곳이다. 유아 시절은 두뇌 앞부분이, 나이가 들수록 뒷부분이 발달하는 것을 보여 준다.

유아기는 다른 시기와는 달리 고도의 정신활동을 담당하는 대뇌피질을 이루는 부분, 즉 전두엽, 두정엽, 후두엽이 골고루 발달한다(Thompson 외, Nature, 404: 서유헌, 2009 재인용). 이에 어느 한쪽으로 편중된 단기간의 일방적 자극보다는 오감을 통한 지속적이고 통합적인 경험이 필요하다.

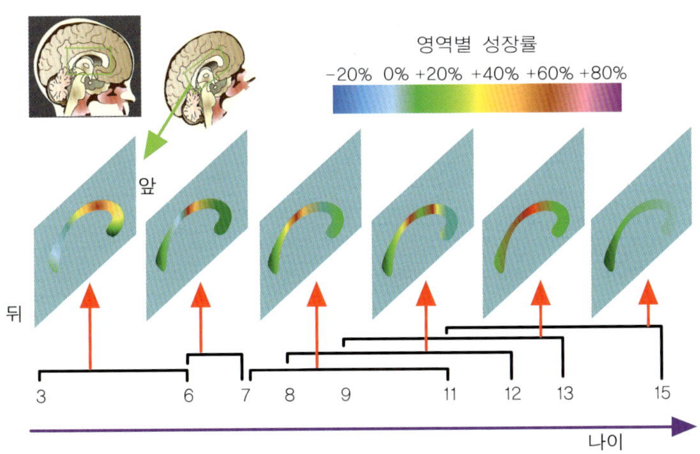

그림 2 연령별 두뇌의 발달

출처: 서유헌(2009)

2) 목적 및 목표

유아기 수학교육의 목적은 그냥 기계적으로 수를 세거나 반복, 연습을 통해 연산하는 것을 넘어서서 유아의 수학적 소양(Mathematical Literacy)과 수학적 힘(Mathematical Power)을 키우는 것이다(NCTM, 2000; Richardson & Salkeld, 1995). 여기에는 네 가지가 포함된다.

첫째, 문제해결 능력 발달 : 영유아가 일상생활 또는 주변에서 발생하는 문제를 수학적으로 해결할 수 있는 능력을 키운다.

둘째, 수학적 지식과 개념 이해 : 영유아는 일상생활 속에서 분류, 순서, 수의 기초 개념, 비교, 수와 연산, 측정, 시간, 공간, 집합 등의 수학적 지식을 습득하고 이를 적극적으로 활용할 수 있다.

셋째, 수학적 과정 기술 증진 : 수학적 과정 기술이란 수학적으로 문제해결하기, 추론 및 증명하기, 의사소통하기, 연계하기, 표상하기를 말하는데, 수학교육을 통해 유아가 이러한 수학적 과정 기술을 수행할 수 있는 능력을 발달시킨다.

넷째, 수학에 대한 긍정적인 태도 형성 : 유아가 수학에 대한 가치와 유용성을 인식하고 자신의 수학적 능력에 대한 자신감을 가지며 수학을 즐기고 적극적으로 활용하는 태도를 형성한다.

한 마디 더! 2 수학적 소양, 힘이란?

수학적 소양(Mathematical Literacy)은 NCTM(2000)이, 수학적 힘(Mathematical Power)은 리차드슨(C. Richardson)과 살켈(L. Salkeld)(1995)이 언급한 용어이다.

NCTM(2000)은 수학적 개념에 관한 기준과 수학적 과정(Mathematical Process) 기술에 관한 기준 등으로 10가지를 제시하고 있다.

수학적 개념(Mathematical Concept)이란 유아가 배워야 할 수학적 내용 지식으로 유아기에는 수와 연산, 배수, 기하, 측정, 자료 분석과 확률을 제시하였다.

수학적 과정 기술이란 이러한 수학적 내용지식을 획득하는 방법과 이를 사용하는 방법으로 문제해결하기, 추론 및 증명하기, 의사소통하기, 연계하기, 표상하기 등을 포함한다.

수학에 대한 태도(Mathematical Attitudes)란 유아의 수학에 대한 지각, 신념, 자신감(Self Confidence), 유능감(Perceived Competence), 대안 탐색 의도(Willingness to Explore Alternatives to Problems)를 말한다(Ward, 1993).

한 마디 더! 3 국가 교육과정에 제시된 목적 및 목표는?

유아수학교육의 목적 및 목표에 대해 우리나라 **유치원 교육과정**(교육과학기술부, 2011)은 만 3~4세를 대상으로 한 탐구생활 영역 중 '수학적 기초 능력 기르기'에서 "생활 주변의 문제를 논리, 수학적으로 해결하기 위한 기초 능력을 기른다."라고 명시하고 있다. **표준보육과정**(보건복지부, 2012)은 자연탐구 영역에서 수학적 탐구의 목표로 "일상생활의 여러 상황과 문제를 수학적으로 이해하고 해결하는 지식을 구성한다."로 명시하고 있다. **5세 누리과정**(교육과학기술부 · 보건복지부, 2011)은 자연탐구 영역에서 "호기심을 가지고 주변 세계를 탐구하며, 일상생활에서 수학적 · 과학적 문제해결 능력을 기른다."고 명시하고 있다.

유아수학교육 관련 여러 문헌과 연구물은 각각 유아수학교육의 목적 및 목표를 제시하고 있는데(권영례, 이영자, 이정욱, 1998; 김창복, 황정숙, 김경철, 2005; 나귀옥, 김경희, 2004; 배소연, 서현아, 백혜리, 강민정, 2003; 이정욱, 유연화, 2008; 한유미, 2009; 홍혜경, 2009; 황의명, 조형숙, 서동미, 2009; Kennedy & Tipps, 2000; NCTM, 2000; Richardson & Salkeld, 1995; Bredekemp & Copple, 1997; Wolfinger, 1988) 이를 정리한 것이 위에서 언급한 문제해결 능력 발달, 수학적 지식과 개념 이해, 수학적 과정 기술 증진, 수학에 대한 긍정적인 태도 형성이다.

2. 왜 나뭇잎인가?

1) 자연주의 생태유아교육

인간에게 자연보다 완벽한 예술과 과학기술은 존재하지 않을 것이다. 자연과 인간은 불가분의 관계 속에서 삶을 유지해 왔고 앞으로도 그럴 것이다. '자연으로 돌아가라' 라고 한 루소(J. J. Rousseau)에서부터 오웬(R. Owen), 페스탈로찌(J. H. Pestalozzi), 프뢰벨(F. W. A. Froebel), 몬테소리(M. Montessori), 슈타이너(R. Steiner) 등에 이르기까지 수많은 학자들이 자연을 유아에게 가장 이상적인 환경으로 여겨 왔다.

그러나 현대사회는 자연을 오직 인간의 목적 달성을 위한 도구적 수단으로 여기면서 여러 가지 자연과의 불균형으로 인한 문제에 당면하게 되었다. 이를 극복하기 위한 나름의 자구책으로 의식주 생활환경에서 인공적인 요소들을 걷어내고 자연의 순리를 따르고자 하는 움직임이 일어나고 있다. 이에 로컬 푸드 운동, 재활용 소재에 디자인을 더해 가치를 높이는 업사이클, 건축 자재에 핵심 소재로 자연을 집 안으로 들이는 등 자연을 배려하는 마음들이 트랜드로 자리잡고 있다(자연주의 유아교육실천연구회, 2011).

이러한 흐름과 함께 유아교육·보육계에서도 안전한 먹을거리를 중시하고 자연과 함께하는 생활 속에서 유아의 자발적 경험을 강조하는 자연, 생태교육에 대한 관심이 증가하고 있다. 즉, 인위적인 놀이 환경과 경쟁을 조장하는 교육에 대한 대안으로 자연 친화적인 환경 조성과 생명을 존중하고 서로 협력하는 공동체 교육이 선택되고 있다.

자연주의 생태유아교육은 조기 교육과 기능적 측면을 강조하는 특기교육으로 결과만을 위한 자발적 동기의 부재, 그리고 건강한 실외 환경에서 자유롭게 움직일 기회가 부족한 오늘날의 유아들에게 그들의 타고난 본성에 따라 자연 속에서 배우는 기회를 되돌려 주려는 것이다. 자연, 생태교육의 핵심은 자연계 모든 만물과 상생하려는 삶의 자세와 전인적 발달에 초점을 맞추는 것이다.

유아기는 성인에 비해 자연과 더 조화롭고 가까운 존재이다. 즉, 자연에 대한 고정관념이 적게 형성되어 있으므로 자연에 대한 태도 및 가치관을 형성하는 중요한 시기이다. 유아교사는 지식으로 자연을 가르치는 것이 아니라 몸에 밴 가치관과 태도를 통해 교육해야 한다. 이와 같은 맥락에서 자연주의 생태유아교육은 자연에 대한 일상적인 경험을 근간으로 유아가 자연과의 자연스러운 상황에서 다양한 영역으로 통합적 경험을 해 나가도록 이루어져야 한다.

교육과학기술부(2009)에서도 자연환경에서 이루어지는 바깥놀이의 중요성을 강조하며 하루 일과 중에 바깥놀이를 정기적으로 배치할 것을 유아교육 현장에 요구한 바 있다. 그러나 유아를 담당하는 교사들은 자연주의 유아교육의 필요성에는 공감하면서도 이를 교육 실제에 적용하는 데에는 어려움을 호소하는 실정이다.

즉, 유아교육 현장에서 실시되고 있는 자연친화교육의 대부분은 생태의 한 부분과 체험학습(밭 가꾸기, 숲 체험하기)을 연결시키는 단편적인 것에 머물러 있다. 흔히 자연의 생물학적·물리학적 측면인 '자연의 직접적 관련 요소'를 다루는 것은 활발하나, 현재의 경험이 유아의 성장 발달에 영향을 미치고 또한 이후에 사고하게 될 관념들의 바탕이 될 태도와 이해·가치 등 '자연의 잠재적 관련 요소'는 간과하는 경우가 많다.

'자연'이 내포하고 있는 다양한 본질적 의미들을 뒤로 한 채 유아에게 자연을 표현 도구의 방식으로 대상화하거나 자연을 지식의 한 부분으로 탐구하고 이해하려는 태도는 자칫 반자연주의적인 교육으로 전개될 수도 있다.

이에 자연주의 교육이 나아가야 할 방향은 인간의 자연성을 존중하고 이에 기초하여 '유아 중심' 교육 원리로 인간의 본성을 신장시키는 것에서 찾을 수 있다. 유아가 자연물에 개념적·과학적으로 접근하기 전에 자연세계와 관계를 형성하는 것으로부터 교육이 시작되어야 한다. 그러나 자칫 낭만적 경험에만 머물게 될 가능성이 있는 자연에 대한 이해 중심 교육은 자연을 도구적 대상으로만 인식하도록 강화할 수 있다. 그러므로 이를 극복하기 위하여 연속적·순환적으로 자연과

감성적으로 교류하는 과정에서 인지적으로 탐구하는 과정, 그리고 자연과의 합일을 실천하는 과정으로 연결하여 자연주의 생태유아교육의 궁극적인 목적을 달성하는 것이 바람직하다.

한 마디 더! 4 자연주의 생태유아교육의 역사와 강조점

유아교육사상가들은 오래전부터 자연주의 교육의 중요성에 대해 강조해 왔다.

감각적 실학주의자로서 자연의 질서에 따른 교수 원리를 주장한 코메니우스(J. A. Comenius), 자연법을 기준으로 하여 아동기까지는 자연환경을 유일한 교육 장소로 삼아야 한다고 한 루소(J. J. Roussau), 유아학교에서의 교육 내용으로 실외놀이를 강조한 오웬(R. Owen), 노작교육을 실천한 페스탈로찌(J. H. Pestalozzi) 등이 자연주의 교육사상가들로 언급된다(곽노의, 2000; 지옥정, 2007). 그들은 모두 자연 속에서 직접적으로 이루어지는 경험과 감각을 통한 다양한 체험, 그리고 놀이의 중요성 등을 강조하였다.

프뢰벨(F. W. A. Froebel)은 자연과의 일체를 지향하며 '정신 활동'으로 자연과의 공감, 농작물 재배, 정원 가꾸기, 동식물 관찰, 애완동물 기르기, 숲 길 걷기 등의 내용을 교육과정에 포함시켰다(곽노의, 2000).

몬테소리(M. Montessori)는 인간과 자연을 신체적인 면, 영적인 면에서 상호 의존적인 것으로 보고 자연 훼손, 오염, 생태계 파괴는 자연과의 격리에서 비롯된 것임을 강조하였다. 교육과정에 '식물학', '동물학', '지형'에 관한 내용을 포함시킴으로써 생태학적으로 책임 있는 어린이로 키우고자 하였다(신화식, 1996).

슈타이너(R. Steiner)는 "교육은 사회 진출을 위해 지식을 습득하는 것이 아니라 아이들의 내적 세계에 대한 접근을 통해 인간의 완성을 이루는 과정"으로 보며 1919년 독일의 슈투트가르트에 최초의 발도르프학교를 세웠다. 발도르프 교육은 자연친화적 가치관을 기초로 머리와 가슴, 손과 발이 조화롭게 발달된 사람으로 성장하는 것을 중요시한다. 이에 적절한 나이가 될 때까지는 TV와 PC 등을 사용하지 않도록 권고하고, 음식은 유기농 위주로 도살 과정을 거치는 소·돼지·닭고기 등의 육식을 하지 않으며, 대부분의 학교가 도시보다는 시골에 위치하도록 하여 아이들이 자연스레 자연친화적으로 자라나도록 한다. 또한 기본적으로 디지털보다는 아날로그 문화에 기반하여, 필통이나 가방 등은 부모가 직접 만든 제품을 사용하는 경우도 있고, 발도르프유치원의 경우 플라스틱 장난감이 없이 원목 소재 장난감 또는 자연에서 가져온 솔방울, 조개껍질 등 자연물을 장난감으로 쓰고 있다. 평등한 학교공동체를 강조하는 발도르프학교(또는 슈타이너학교)는 현재 전 세계 1,000여 개, 유치원은 2,000여 개 가까이 설립된 것으로 알려져 있다(곽노의, 1999).

1945년 이탈리아 레지오 에밀리아에서 시작된 레지오 접근법은 능동적 주체인 유아와 유기적 관계로서의 학교 체제, 마음을 끄는 환경을 강조하며 새로운 교육과정 접근을 유아교육 현장으로 통합하여 실천하는 좋은 모델이 되고 있다.

레지오 접근법의 주요 내용과 방법은 발현적 교육과정, 사회적 상호작용과 커뮤니케이션을 통한 협동, 표상활동의 강조, 소집단 내에서의 상호작용을 중시하는 프로젝트의 실시, 시간의 역할과 연속성의 중요성, 파트너로서의 교사, 협동과 협력, 민감성과 관계 수립, 제3의 교사로서 공간의 중요성을 강조한다(오문자, 2010).

한 마디 더! 5 우리나라 자연주의 생태유아교육의 동향

자연주의 생태유아교육은 유아들에게 자연의 아름다움을 느끼게 하고, 자연의 변화에 민감하게 반응할 수 있도록 하여 자연의 순수함과 베풂, 그리고 넉넉함을 느끼게 하는 일에 가치를 둔다. 자연주의 생태유아교육은 교사, 유아 모두 자연의 일부라는 전제 아래 생명에 대한 자연친화적 윤리의식을 가지며 인간과 자연이 서로 상생하며 공존하는 인간과 자연과의 관계, 자연친화적 세계관을 지향한다(임재택, 2008; 장희정, 2010).

우리나라에서도 20세기 후반과 21세기 초부터 자연친화적 세계관과 생명공동체로서의 삶에 중점을 두는 자연친화교육에 대한 인식과 연구가 있어 왔다. 자연친화교육의 목표는 크게 두 가지 측면으로 나누어 볼 수 있다.

하나는 자연에 대한 관심과 흥미를 가지고 주변 자연환경과의 상생적 경험을 통해 자연의 아름다움을 발견하여 자연에 대한 친밀감과 정의감, 자연친화적 태도를 발달시키는 정의적(가치와 태도) 측면이다. 또 하나는 자연생태계에 대한 이해와 자연과 인간과의 관계에 대한 이해 및 자연과 관련된 문제점을 인식하고 문제에 대한 해결과 예방을 위한 지식과 기술을 가르치는 인지적(지식적 기능) 측면이다(지옥정, 이상현, 연숙자, 2006; 이미혜, 2010).

더불어 현재 우리나라 생태유아교육 프로그램 구성과 현장 실천에 크게 영향을 미치고 있는 큰 물결로 생태유아교육과 숲 유치원 두 가지를 꼽을 수 있다.

생태유아교육은 1990년 10월에 결성된 '우리 아이들의 보육을 걱정하는 모임'에서 시작되어 1995년에 한국생태유아교육학회를 창립, 부산대부설어린이집에서 생태유아교육 프로그램을 개발·적용해 오고 있으며, 2002년 생태유아공동체를 발족하여 유아교육 현장에 유기농 먹거리를 보급하고 있다(임재택, 김은주, 하정연, 권미량, 조채영, 2008; 한국 생태유아교육학회, http://www.ecoece.or.kr/).

숲 유치원은 1964년에 덴마크의 엘라 플라타우(Ela Flatau) 부인이 자신의 자녀와 몇 명의 아이들을 데리고 숲에서 매일 놀이 활동을 한 것을 시작으로 독일, 스위스로 확산되고 있다. 덴마크의 숲 유치원은 1990년대에 기존 유치원교육의 대안으로 확고히 자리 잡았고, 2004년도에 이미 100여 개의 숲 유치원이 성공적으로 운영되고 있다(Mikitz, 2004: 차윤정, 2009 재인용). 독일의 숲 유치원은 1968년 우어줄라 수베(Ursula Sube) 부인의 '숲 산책 그룹'이 효시이나, 1980년대 이후에 그 교육적 효과가 알려지면서 정식 유아교육기관으로 인정받게 되었고, 현재 1,000여 개의 숲 유치원이 설립되어 활발하게 운영되고 있다.

우리나라에서는 2008년 북부산림청에서 일반 유치원에 숲 해설가들을 합류시켜 프로그램을 진행하기 시작하였고, 2009년부터 인천대 숲유아교육연구소에서 숲 유치원을 운영하고 있으며(http://www.waldedu.co.kr/), 2010년에는 송파구청에서 구립어린이집에 숲 유치원을 시범적으로 운영하는 등 확대되고 있다.

2) 나뭇잎의 특성

유아기의 교수-학습 매개체는 분류 기준에 따라 여러 가지 카테고리로 나눌 수 있다. 즉, 재료의 특성(자연물, 일상용품이나 폐품을 이용한 것, 상품화된 것), 놀이 유형(창의적 놀이, 상상놀이, 모험놀이, 자연놀이, 조작과 협동 자료, 음악 자료와 도서), 교재가 활용되는 학습 경험의 구체성과 추상성의 정도, 활용의 목적에 따른 놀이 영역, 활용의 주체, 활용 시에 동원되는 감각의 종류(시각, 청각, 시청각을 겸한 것), 유아의 연령(영아기, 유아 전기, 유아 후기), 제작 주체(교사 제작, 상품화된 것) 등에 따라 구분하고 있다.

그런데 오늘날 유아들이 얻는 정보들의 통로는 임의적 범주물(Arbitrary Kinds), 명목적 범주물(Nominal Kinds), 인공물(Artifact)을 활용하는 경우가 많아지고 있다. 이러한 인공적 환경에서 오는 유아의 정서적 문제는 자연에 대한 올바른 태도를 지니는 데 어려움을 갖게 한다.

자연물은 인공물에 비해 매우 포괄적이기 때문에 유아발달에 적합한 경험과 삶에 필요한 구체적인 교육을 할 수 있는 무궁무진한 교수-학습의 매개이며 매체이다. 자연주의 생태유아교육의 교수-학습 매개체로서의 자연은 감각할 수 있는 사물뿐만 아니라 인간의 소박하고 자연적인 소질 및 본성을 총칭하며 인적 자원, 내용, 환경 및 시설을 포괄하는 개념이다(김정주, 2008; 김정주, 조형숙, 2008).

유아들은 자연물을 있는 그대로 사용하기, 알고 있는 대로 사용하기, 버려진 것을 살려 사용하기, 놀잇감으로 만들어 사용하기, 낯익은 재료를 낯설게 사용하기 등의 경험을 통해 다양한 개념들을 형성할 수 있다.

또한 자연은 유아들이 감각기관을 통해 사물과 사건을 이해할 수 있게 해 준다. 날씨 변화와 시간의 흐름과 같은 추상적인 것에서부터 싹 트고 꽃 피고 열매 맺는 식물, 꿈틀거리며 기어가는 달팽이의 움직임같이 구체적인 것까지 유아들은 자연 속에서 듣고, 보고, 냄새 맡고, 맛보고, 온몸으로 느끼면서 실제적인 지식을 구성해 나간다. 모든 지식의 근본은 오감각에서부터 시작되는데 자연은 가까이에서 쉽게 우리의 감각적 탐색을 충족시켜 주는 최대의 환경이자 최고의 선물이다.

자연의 과정은 느리고 점진적이며 진화적으로 발전하기 때문에 우리가 놓치고 있는 교육의 원리를 조용히 가르쳐 준다. 즉, 강의나 설교, 책과 같은 언어적인 활동을 통한 전달식 교육보다 주변 환경과의 직접적인 감각적 경험과 상호작용(교감)을 통해 유아들이 더 잘 배우고 그 배움이 더욱 오래 지속된다는 것을 깨닫게 해 준다.

특히 우리가 사 계절, 일 년 열두 달 동안 지속적으로 주변에서 쉽게 만날 수 있는 나뭇잎은 다음과 같은 특성을 가지고 있기 때문에 수학적 탐색을 효과적으로 돕는 교수-학습 자료로 손색이 없다.

첫째, 나뭇잎들은 그 자체가 고유의 크기, 모양, 색, 촉감 등의 수학적 속성(Property)을 갖고 있다.

둘째, 나뭇잎은 시간의 흐름과 함께 여러 가지 색과 다양한 모양으로 생성과 소멸의 과정을 보여 주면서 생명의 신비와 물질의 상태 변화를 체감하게 해 주는 구체적 자료(Concret Material)이다.

셋째, 나뭇잎은 하나씩 떨어뜨려 셀 수 있는 수적(Numeral) 자료일 뿐만 아니라 모아서 양으로 가늠할 수 있는 양적(Quantitative) 자료로서의 특성을 동시에 가지고 있다.

넷째, 나뭇잎은 접고, 찢고, 구멍 내고, 오리는 등의 변형이 가능하고 필요에 따라 오랫동안 보관도 가능한 조작적 자료(Manipulatives)이다.

3. 무엇을 할까?

1) 유아기 수학교육 내용

유아들이 특정 시기에 어떤 것에 대해 흥미를 가지는가가 수학과 관련하여 무엇을 가르칠 것인가를 결정하는 데 있어 가장 첫 번째로 고려해야 할 요인이다. 그러나 영유아기의 발달 수준별 특징과 수학의 본질적 측면에 대해 미리 알고 있다면, 그때 그때 발현되는 유아의 흥미와 연계하여 일상에서 의미 있는 수학적 경험을 하도록 효과적으로 돕는 역할을 할 수 있을 것이다. 이를 위해 수학이라는 학문에서 유아기에 가르쳐야 할 내용을 살펴보고, 이를 어떤 수준에서 어떻게 조직하여 가르칠 것인지를 유아의 사전 경험과 인지적 수준, 연령 등을 고려하여 결정할 필요가 있다(김창복, 황정숙, 김경철, 2005).

우리나라 제2차 표준보육과정(보건복지부, 2012)에서는 자연탐구 영역에서 '수학적 탐구'의 내용을 연령별로 구분하여 〈표 1〉과 같이 제시하고 있다.

표 1 연령별 '수학적 탐구' 내용(보건복지부, 2012)

내용 범주	만 2세 미만	만 2세	만 3~4세
수학적 탐구	• 수량 지각하기 • 주변 공간 탐색하기 • 지각적으로 비교하기 • 간단한 규칙성 지각하기	• 수량 인식하기 • 공간과 도형 인식하기 • 비교하기와 순서 인식하기 • 간단한 규칙성 인식하기 • 구분하기	• 수와 연산의 기초 개념 형성하기 • 공간과 도형의 기초 개념 형성하기 • 기초적인 측정하기 • 규칙성 이해하기 • 기초적인 자료 수집과 결과 나타내기

표준보육과정(보건복지부, 2012)에서 제시하고 있는 연령별 '수학적 탐구'의 내용을 자세히 살펴보면 〈표 2〉, 〈표 3〉, 〈표 4〉와 같다.

표 2 '만 2세 미만을 위한 수학적 탐구' 내용(보건복지부, 2012)

<table>
<tr><th>내용 범주</th><th>내용</th><th>1수준</th><th>2수준</th><th>3수준</th><th>4수준</th></tr>
<tr><td rowspan="9">수학적 탐구</td><td>수량 지각하기</td><td></td><td>있고 없는 상황을 지각한다.</td><td>'있다'와 '없다'를 구별한다.</td><td>'한 개'와 '여러 개'를 구별한다.</td></tr>
<tr><td rowspan="3">주변 공간 탐색하기</td><td colspan="4">주변 공간을 탐색한다.</td></tr>
<tr><td></td><td colspan="3">물체가 없어지는 상황에 관심을 보이며 없어진 물체를 찾는다.</td></tr>
<tr><td colspan="2"></td><td colspan="2">주변 사물의 여러 가지 모양을 지각한다.</td></tr>
<tr><td rowspan="2">지각적으로 비교하기</td><td colspan="2">주변 사물의 여러 가지 감각적 속성을 지각한다.</td><td colspan="2">주변 사물의 여러 가지 감각적 속성의 차이를 지각한다.</td></tr>
<tr><td colspan="3"></td><td>크기를 지각하고 말한다.</td></tr>
<tr><td>간단한 규칙성 지각하기</td><td></td><td colspan="3">간단한 규칙성을 지각한다.</td></tr>
</table>

표 3 '만 2세 대상 수학적 탐구' 내용(보건복지부, 2012)

<table>
<tr><th>내용 범주</th><th>내용</th><th>1 수준</th><th>2 수준</th></tr>
<tr><td rowspan="7">수학적 탐구</td><td rowspan="3">수량 인식하기</td><td>많고 적음을 구별한다.</td><td>많고 적음을 인식하고 수량 비교 어휘를 말한다.</td></tr>
<tr><td>'하나', '둘' 가량의 수 이름을 말하고 센다.</td><td>'하나', '둘', '셋' 가량의 수 이름을 말하고 센다.</td></tr>
<tr><td></td><td>친숙한 사물이 더해지고 줄어드는 것을 인식한다.</td></tr>
<tr><td rowspan="4">공간과 도형 인식하기</td><td colspan="2">익숙한 위치와 장소를 안다.</td></tr>
<tr><td colspan="2">자신을 중심으로 물체의 위치 변화를 인식한다.</td></tr>
<tr><td colspan="2">자신을 중심으로 위치와 방향을 인식한다.</td></tr>
<tr><td colspan="2">주변 사물의 특성을 모양에 따라 인식한다.</td></tr>
</table>

<table>
<tr><th>내용 범주</th><th>내용</th><th>1 수준</th><th>2 수준</th></tr>
<tr><td rowspan="6">수학적 탐구</td><td rowspan="3">비교하기와 순서 인식하기</td><td colspan="2">주변 사물의 여러 가지 속성을 탐색한다.</td></tr>
<tr><td colspan="2">일상에서 두 물체의 크기와 길이를 비교한다.</td></tr>
<tr><td colspan="2">일상의 단순한 순서를 인식한다.</td></tr>
<tr><td>간단한 규칙성 인식하기</td><td colspan="2">주변에서 단순하게 반복되는 규칙성을 인식한다.</td></tr>
<tr><td rowspan="2">구분하기</td><td colspan="2">한 가지 지각적 속성에 따라 자료를 구분한다.</td></tr>
<tr><td colspan="2">비슷한 것끼리 짝을 짓는다.</td></tr>
</table>

표 4 '만 3, 4세 대상 수학적 탐구' 내용(보건복지부, 2012)

<table>
<tr><th>내용 범주</th><th>내용</th><th>1수준</th><th>2수준</th></tr>
<tr><td rowspan="10">수학적 탐구</td><td rowspan="4">수와 연산의 기초 개념 형성하기</td><td>처음과 끝을 안다.</td><td>생활 속에서 사용되는 수의 여러 가지 의미를 안다.</td></tr>
<tr><td>'같다', '더 많다', '더 적다'의 관계를 안다.</td><td>적은 수의 구체물에서 수량의 부분과 전체 관계를 안다.</td></tr>
<tr><td>다섯 개 가량의 구체물을 세고 수량을 안다.</td><td>열 개 가량의 구체물을 세고 수량을 안다.</td></tr>
<tr><td>구체물 두 개에 한 개 더하기와 빼기를 해 본다.</td><td>적은 수의 구체물을 가지고 더하고 빼는 경험을 해 본다.</td></tr>
<tr><td rowspan="4">공간과 도형의 기초 개념 형성하기</td><td>익숙한 위치와 장소를 안다.</td><td>익숙한 위치와 장소를 알고 나타내 본다.</td></tr>
<tr><td colspan="2">위치와 방향을 인식하고 말한다.</td></tr>
<tr><td>물체의 모양에 따른 특성을 인식한다.</td><td>다양한 기본 도형의 공통점과 차이점을 인식한다.</td></tr>
<tr><td></td><td>기본 도형을 사용하여 다양하게 구성해 본다.</td></tr>
<tr><td rowspan="2">기초적인 측정하기</td><td colspan="2">측정할 수 있는 사물의 여러 가지 속성을 인식한다.</td></tr>
<tr><td colspan="2">일상생활에서 길이, 크기, 무게, 들이, 시간 관련 어휘를 사용한다.</td></tr>
</table>

내용 범주	내용	1수준	2수준
수학적 탐구	기초적인 측정하기	두 물체의 길이, 크기 비교를 한다.	길이, 크기, 무게, 들이, 시간 등의 속성에 따라 비교하고 순서를 지어 본다.
		일상생활의 간단한 순서를 인식한다.	일상생활에서 일어나는 사건의 순서를 안다.
		임의 측정 단위에 관심을 가진다.	임의 측정 단위를 사용하여 길이 등을 재 본다.
	규칙성 이해하기	생활 주변에서 반복되는 규칙성을 알고 모방한다.	생활 주변에서 반복되는 규칙성을 알고 다음에 올 것을 예측해 본다.
		소리, 동작, 단어, 문장 등의 간단한 규칙성을 인식한다.	
	기초적인 자료 수집과 결과 나타내기	관계 있는 것끼리 짝을 짓는다.	필요한 정보나 자료를 수집해 본다.
			한 가지 기준에 따라 자료를 분류해 본다.
			구체물이나 그림, 사진을 사용해 그래프로 나타내 본다.

2011 개정 유치원 교육과정(교육과학기술부, 2011)에서는 탐구생활 영역에서 만 3, 4세 대상 '수학적 기초 능력 기르기'의 내용을 〈표 5〉와 같이 제시하고 있다.

표 5 만 3, 4세 대상 '수학적 기초 능력 기르기' 내용(교육과학기술부, 2011)

내용	하위 내용	수준별 내용	
		I	II
수학적 기초 능력 기르기	수 감각 기르기	• 생활 속에서 사용되는 수의 여러 가지 의미를 안다.	
		• 생활 속에서 수량의 많고 적음을 비교한다.	
		• 주변의 물체를 10까지 세고 숫자와 연결해 본다.	• 생활 속에서 익숙한 큰 수를 세는 경험을 한다.
			• 구체물을 가지고 더하고 빼는 경험을 해 본다.

내용	하위 내용	수준별 내용 I	수준별 내용 II
수학적 기초 능력 기르기	공간 및 도형에 대해 알아보기	• 나를 중심으로 위, 아래, 앞, 뒤, 옆을 알아본다.	• 위치나 경로를 여러 가지 방법으로 나타내 본다.
		• 기본 입체(둥근 기둥, 상자, 공 모양 등) 및 평면 도형(세모, 네모, 동그라미 등)의 생김새를 구별하고 이름을 알아본다.	• 기본 입체 및 평면 도형의 특징을 알아본다.
			• 기본 평면 도형을 합하거나 나누어서 여러 가지 모양을 구성해 본다.
			• 그림을 보고 구성물을 만들거나 만든 구성물을 그려 본다.
	기초적인 측정 해 보기	• 주변 물체의 여러 가지 측정 가능한 속성(길이, 크기, 무게, 들이, 시간)을 탐색한다.	
		• 두 물체의 길이와 크기를 비교하고 말한다.	• 길이, 크기, 무게, 들이를 비교하고 순서 지어 본다.
		• 임의 측정(손 뼘, 블록 등) 단위에 관심을 가진다.	• 임의 측정 단위를 사용해서 길이, 들이 등의 측정 경험을 한다.
	규칙성 이해하기	• 여러 가지 물체나 무늬의 배열에서 단순하게 반복되는 규칙을 찾아본다.	• 생활 주변에서 반복되는 규칙을 알고 다음에 올 것을 예측해 본다.
	자료 정리 및 결과 나타내기	• 한 가지 기준에 따라 자료를 분류하고 설명한다.	• 처음에 분류한 기준과 다른 기준으로 다시 분류한다.
		• 여러 가지 자료를 모으고 비교해 본다.	• 모은 자료를 다양한 방법으로 나타내 본다.

유치원과 어린이집에 다니는 만 5세 유아를 대상으로 통합한 5세 누리과정(2011)에서는 자연탐구 영역에서 '수학적 탐구하기'의 내용을 〈표 6〉과 같이 제시하고 있다.

표 6 5세 누리과정의 '수학적 탐구하기' 내용(교육과학기술부, 보건복지부, 2011)

내용 범주	내용	세부 내용
수학적 탐구하기	수와 연산의 기초 개념 형성하기	생활 속에서 사용되는 수의 여러 가지 의미를 안다.
		수량의 부분과 전체 관계를 안다.
		스무 개 가량의 구체물을 세고 수량을 안다.
		구체물을 가지고 더하고 빼는 경험을 해 본다.
	공간과 도형의 기초 개념 형성하기	위치와 방향을 여러 가지 방법으로 나타내 본다.
		다양한 기본 도형의 공통점과 차이점을 인식한다.
		기본 도형을 사용하여 여러 가지 모양을 구성해 본다.
	기초적인 측정하기	일상생활에서 길이, 크기, 무게, 들이, 시간 등의 속성에 따라 비교하고, 순서를 지어 본다.
		임의 측정단위를 사용하여 길이, 면적, 들이, 무게 등을 재 본다.
	규칙성 이해하기	생활 주변에서 반복되는 규칙성을 알고 다음에 올 것을 예측해 본다.
		스스로 규칙성을 만들어 본다.
	기초적인 자료 수집과 결과 나타내기	필요한 정보나 자료를 수집한다.
		한 가지 기준으로 분류한 자료를 다른 기준으로 재분류해 본다.
		그림, 사진, 기호나 숫자를 사용해 그래프로 나타내 본다.

유아교육과 초등교육의 연계를 위해 7차 개정 초등 교육과정(교육과학기술부, 서울교육대학교 국정도서편찬위원회, 2009) 저학년의 수학교육 내용 체계를 살펴보면 〈표 7〉과 같다.

표 7 초등학교 저학년의 수학교육 내용(교육과학기술부, 서울교육대학교 국정도서편찬위원회, 2009)

구분	1학년	2학년	3학년
수와 연산	• 100까지의 수 • 간단한 수의 덧셈과 뺄셈 • 두 자리 수의 덧셈과 뺄셈 (받아올림, 받아내림 없음)	• 1,000까지의 수 • 두 자리 수의 덧셈과 뺄셈 • 세 자리 수의 덧셈과 뺄셈 • 곱셈 • 분수의 이해	• 10,000까지의 수 • 네 자리 수의 덧셈과 뺄셈 • 곱셈 • 나눗셈 • 분수 • 소수의 이해
도형	• 입체도형의 모양 • 평면도형의 모양	• 기본적인 평면도형 • 입체도형의 구성	• 각과 평면도형 • 평면도형의 이동 • 원의 구성 요소
측정	• 양의 비교 • 시각 읽기	• 시각과 시간 • 길이	• 측정값 나타내기 • 시간 • 길이 • 들이 • 무게
확률통계	• 한 가지 기준으로 사물 분류하기	• 표와 그래프 만들기	• 자료의 정리, 자료의 특성 (막대, 간단한 그림 그래프)
규칙성과 문제해결	• 규칙적인 배열에서 규칙 찾기 • 자신이 정한 규칙에 따라 배열하기 • 100까지의 수 배열표에서 규칙 찾고 말하기 • ～를 사용한 식 • 실제로 해 보기, 그림 그리기, 식 만들기 등으로 문제를 해결하기	• 다양한 변화의 규칙 찾기 • 수 배열에서 규칙 찾고, 규칙에 따라 수 배열하기 • 곱셈표에서 여러 가지 규칙 찾기 • 미지수 구하기 • 식 만들기 • 규칙 찾기, 거꾸로 풀기 등으로 문제해결하기	• 규칙에 따라 여러 가지 무늬 꾸미기 • 표 만들기 • 예상과 확인 등으로 문제를 해결하기

초등학교 저학년의 수학 교과서에 제시된 단원 제목을 살펴보면 〈표 8〉과 같다.

표 8 초등학교 저학년 수학 교과서의 단원(교육과학기술부, 서울교육대학교 국정도서편찬위원회, 2009)

학년	주	내용	학년	주	내용
1-1	1	5까지의 수	1-2	1	100까지의 수
	2	9까지의 수(1)		2	여러 가지 모양
	3	9까지의 수(2)		3	10을 가르기와 모으기
	4	여러 가지 모양		4	덧셈과 뺄셈①(1)
	5	더하기와 빼기(1)		5	덧셈과 뺄셈①(2)
	6	더하기와 빼기(2)		6	시계
	7	비교하기		7	덧셈과 뺄셈②(1)
	8	50까지의 수(1)		8	덧셈과 뺄셈②(2)
	9	50까지의 수(2)		9	문제 푸는 방법 찾기
2-1	1	세 자리의 수	2-2	1	곱셈구구(1)
	2	덧셈과 뺄셈(1)		2	곱셈구구(2)
	3	여러 가지 모양		3	덧셈과 뺄셈(1)
	4	길이 재기		4	길이 재기(1)
	5	식 만들기		5	길이 재기(2)
	6	시간 알아보기(1)		6	덧셈과 뺄셈(2)
	7	시간 알아보기(2)		7	분수
	8	곱셈		8	표와 그래프
				9	문제 푸는 방법 찾기
3-1	1	10,000까지의 수	3-2	1	덧셈과 뺄셈
	2	덧셈과 뺄셈		2	곱셈
	3	평면 도형		3	원
	4	나눗셈		4	나눗셈
	5	평면 도형의 이동		5	들이와 무게(1)
	6	곱셈		6	들이와 무게(2)
	7	분수		7	소수
	8	길이와 시간(1)		8	자료 정리
	9	길이와 시간(2)		9	규칙 찾기와 문제 해결

여기서는 영유아기에 다룰 수 있는 수학교육 내용을 〈표 9〉와 같이 수학적 지식과 수학적 과정 기술 두 가지로 크게 구분하였다. 수학적 지식에는 수와 연산(수 감각), 공간과 도형(패턴), 측정, 규칙성, 확률과 통계가 포함되며, 수학적 과정 기술에는 문제해결하기, 추론 및 증명하기, 의사소통하기, 연계하기, 표상하기가 포함된다.

표 9 영유아를 위한 수학교육 내용

구분	내용
수학적 지식	수와 연산(수 감각)
	공간과 도형(패턴)
	측정
	규칙성
	확률과 통계
수학적 과정 기술	문제해결하기
	추론 및 증명하기
	의사소통하기
	연계하기
	표상하기

(1) 수학적 지식

먼저 영유아기에 습득할 수 있는 수학적 지식을 카테고리별로 구분하여 이해하기 쉽게 그 세부 내용과 활용의 예를 사진과 함께 살펴보면 다음과 같다.

① 수와 연산(수 감각)

수와 연산(수 감각)은 일상생활에서 수를 찾아 그 의미를 발견하고, 수량을 비교하며 전체와 부분을 알고, 수를 세고, 큰 수를 알아가며, 구체물로 더하고 빼는 것을 포함한다. 이를 정리하면 〈표 10〉과 같다.

표 10 수와 연산(수 감각)의 세부 내용

구분	내용	세부 내용
수학적 지식	수와 연산 (수 감각)	• 생활 속 수의 의미 알기 – 예: 시계, 자동차, 아파트 등에 표시된 수 찾고 의미 말하기    • 수량 비교, 전체와 부분 알기 – 예: 초콜릿과 사탕처럼 셀 수 있는 것, 케이크와 피자처럼 부분으로 나눌 수 있는 것의 수나 양 비교하기   • 수 세기 – 예: 먹는 것, 일상용품 등의 수 세기  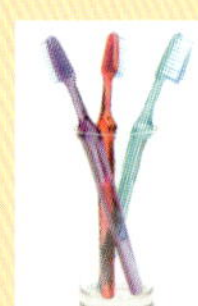 • 큰 수 – 예: 돌멩이, 트리 장식 방울 등의 수 세기    • 구체물로 더하고 빼기 – 예: 단추, 학용품 등의 수 더하고 빼기   

② 공간과 도형(패턴)

공간과 도형(패턴) 관련 지식은 위치와 방향 관련 어휘를 사용하고, 대상의 근접, 분리, 간격, 개체 등으로 관계를 파악하며, 기본 입체와 평면을 구별하고 그 이름과 특징을 알고, 대칭에 관심을 가지고, 여러 가지 모양으로 구성하고, 입체를 그림으로 표현하는 것을 포함한다. 이를 정리하면 〈표 11〉과 같다.

표 11 공간과 도형(패턴)의 세부 내용

구분	내용	세부 내용
수학적 지식	공간과 도형 (패턴)	• 위치(위, 아래, 앞, 뒤, 옆)와 방향(오른쪽, 왼쪽 등) 관련 어휘 사용하기 – 예: 수박의 겉과 속, 도시락 안의 음식 위치 말하기  
		• 지도로 나타내기(근접, 분리, 간격, 개폐 등) – 예: 그림이나 약도 등을 보거나 그리며 위치 알아보기  
		• 기본 입체(둥근 기둥, 상자, 공 모양)와 평면(세모, 네모, 동그라미 등) 구별, 이름과 특징 알기 – 예: 주변 사물이나 먹는 것 등의 모양 말하기   

구분	내용	세부 내용
수학적 지식	공간과 도형 (패턴)	• 대칭 알기 – 예: 좌우, 상하, 대각선으로 접어서 포개지는 풍경이나 그림, 스티커 탐색하기   
		• 모양으로 구성하기 – 예: 단추, 생활용품, 블록 등으로 모양 만들기   
		• 입체를 그림으로 그려 보기 – 예: 과일, 열매 등의 주변 사물을 종이에 그리기  

③ 측정

측정 관련 수학적 지식은 여러 사물의 속성을 탐색하고 크기, 길이, 무게, 용량, 시간 관련 어휘를 사용하며, 이들을 비교하고 순서 짓고, 일상의 순서와 사건의 순서에 관심을 가지고, 여러 가지 비표준화 단위를 찾아 측정에 사용하는 것을 포함한다. 이를 정리하면 〈표 12〉와 같다.

표 12 측정의 세부 내용

구분	내용	하위 내용
수학적 지식	측정	• 사물의 측정 가능한 속성 탐색하기 – 예: 과일, 끈, 장난감 등으로 길이, 크기, 무게, 용량 등을 탐색하기   
		• 크기, 길이, 무게, 용량, 시간 관련 어휘 사용하기 – 예: 측정 관련 어휘를 사용할 수 있는 목걸이, 식품 등의 사물이나 상황 활용하기  
		• 크기, 길이, 무게, 용량, 면적, 시간 비교·순서 짓기 – 예: 병, 공, 학용품 등의 크기, 길이, 무게, 용량을 비교해 보고 차례대로 늘어놓기   
		• 일상의 순서, 사건의 순서 알기 – 예: 손 씻기, 체조하기 등의 순서 알기  

구분	내용	하위 내용
수학적 지식	측정	• 비표준화(임의) 측정 단위 찾기 – 예: 블록, 클립, 색종이 등으로 길이, 무게, 양 등을 비교하기   
		• 비표준화(임의) 단위로 측정하기 – 예: 부직포, 종이 타일, 스티커 등으로 길이, 넓이 재기  

④ 규칙성

규칙성에 대한 이해는 주변의 물체나 무늬에서 반복되는 규칙을 찾고, 생활에서 반복되는 소리, 동작, 단어, 문장 등의 규칙을 발견하고 예측해 보면서 한 가지 유형의 규칙을 다른 유형으로 바꾸어 보고, 새로운 규칙을 만드는 것을 포함한다. 이를 정리하면 〈표 13〉과 같다.

표 13 규칙성의 세부 내용

구분	내용	세부 내용
수학적 지식	규칙성	• 물체나 무늬 배열에서 반복되는 규칙 찾기 – 예: 나뭇잎, 포장지, 벽돌 등의 반복 패턴 찾기   

<table>
<tr><th>구분</th><th>내용</th><th>세부 내용</th></tr>
<tr><td rowspan="3">수학적 지식</td><td rowspan="3">규칙성</td><td>• 생활에서 반복되는 규칙(소리, 동작, 단어, 문장 등) 찾고 예측해 보기
– 예: 시계 소리, 체조 동작 등에서 반복되는 규칙 찾고 예측하기
</td></tr>
<tr><td>• 한 가지 유형의 규칙을 다른 유형으로 바꾸어 보기
– 예: 단어 놀이, 허리띠에 패턴 블럭 순서대로 끼우기 등
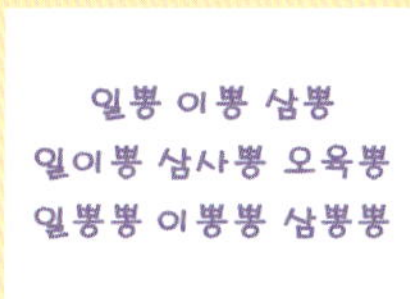</td></tr>
<tr><td>• 스스로 규칙 만들어 보기
– 예: 새 규칙을 만들어 손뼉 치기
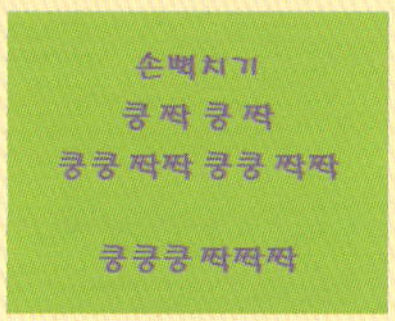</td></tr>
</table>

⑤ 확률과 통계

확률과 통계 관련 수학적 지식은 관계 있는 것끼리 짝 짓기에서부터 한 가지 속성에 따라 자료를 분류하고, 두 가지 이상의 속성에 따라 분류하기, 구체물이나 사진 및 그림을 사용하여 자료를 나타내기, 숫자나 기호를 사용하여 자료를 나타내고 그것을 설명하기를 포함한다. 이를 정리하면 〈표 14〉와 같다.

표 14 확률과 통계의 세부 내용

구분	내용	세부 내용
수학적 지식	확률과 통계	• 관계 있는 것끼리 짝 짓기 – 예: 짝이 있는 물건, 용도가 상관 있는 것, 개와 개집처럼 관련 있는 것 찾기   
		• 한 가지 속성에 따라 자료 분류하기 • 두 가지 이상의 속성에 따라 자료 분류하기 – 예: 같은 색깔 또는 같은 모양 찾기, 같은 무늬이면서 큰 또는 작은 옷 찾기  
		• 구체물이나 그림, 사진 사용하여 그래프 나타내기 – 예: 벌레 모양 칩, 단추 등으로 자료의 수치 표시하기  
		• 숫자나 기호 사용하여 그래프로 나타내기 – 예: 수나 기호를 사용하여 자료 모음 수치를 보기 쉽게 나타내기 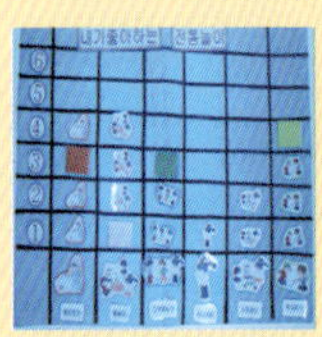 
		• 자료 수집과 분석의 결과를 설명하기 – 예: 모아진 자료를 보고 이야기하기 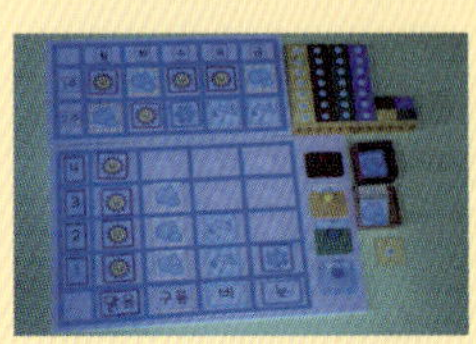 

(2) 수학적 과정 기술

영유아기에 습득할 수 있는 수학적 과정 기술인 문제해결하기, 추론 및 증명하기, 의사소통하기, 연계하기, 표상하기의 세부 내용 및 지도 방법을 살펴보면 다음과 같다(NCTM, 2000).

① 문제해결하기

문제해결하기는 수학학습의 목적일 뿐 아니라 수학지식을 획득하기 위한 주요 수단이다(NCTM, 2000). 유아들은 생활에서 여러 가지 문제 상황에 직면하고, 그 해결책을 찾기 위해 자신의 지식과 경험을 활용한다. 그리고 자신과 다른 유아들의 해결책을 비교해 보고, 설명하는 기회를 통해 다양한 수학적 사고와 문제해결 과정을 경험하는데 그 세부 내용은 〈표 15〉와 같다.

표 15 문제해결하기의 세부 내용

구분	내용	세부 내용
수학적 과정 기술	문제해결하기	• 아직 해결 방안이 알려지지 않은 과제에 참여하기 – 새로운 수학적 지식 획득하기 – 수학적 상황이나 다른 상황에서 일어나는 문제해결하기 – 문제해결을 위해 적절한 전략을 다양하게 적용, 선택하기 – 수학적 문제해결하기 과정을 검토하고 반성적으로 사고하기

문제해결하기(Problem Solving)를 지도하는 방안은 다음과 같다(Copley, et al., 2007). 첫째, 일상생활에서 일어나는 다양한 문제 상황을 민감하게 인식하고, 이를 교수할 상황(teachable moment)으로 활용하는 것이 필요하다. 둘째, 개방된 질문과 진술을 활용하여 문제해결하기를 격려한다. 셋째, 문제해결 과정에 대한 모델링으로 보여 준다.

② 추론 및 증명하기

추론 및 증명하기는 통찰력을 발달시키는 수단으로, 어린 유아들도 제한적이지만 자신의 경험에 근거하여 나름대로 추측을 할 수 있다. 유아들의 추론 능력의 발달에 기초가 되는 주요 요소는 패턴 인식하기와 분류하기이다(NCTM, 2000). 패턴의 규칙을 찾고 이를 설명하는 것이나, 패턴을 분류하고 그 근거를 말하는 것은 유아들로 하여금 자신의 사고 과정을 점검하고, 이를 입증할 증거를 찾는 기회를 제공하기 때문에 연역적 추론 능력의 발달을 도울 수 있다. 추론 및 증명하기의 세부 내용은 〈표 16〉과 같다.

표 16 추론 및 증명하기의 세부 내용

구분	내용	세부 내용
수학적 과정 기술	추론 및 증명하기	• 수학적 문제에 대한 해결 과정과 답을 정당화시키고 자신의 수학적 사고를 설명하기 위해 사물 또는 사실들 간의 관계와 규칙성을 파악하기 – 수학의 기초로서 추론과 증명 인식하기 – 수학적 추측을 만들어 보고 이를 조사하기 – 수학적 논의와 증명을 발달시키고 평가하기 – 다양한 형태의 추론과 증명 방법을 선택하고 사용하기

추론하기(Reasoning)를 지도하는 방안은 첫째, 성인의 상호작용을 통해 추론을 촉진하기 위해서는 유아를 관찰하고 그들의 말을 잘 들어야 한다. 둘째, 추론하는 경험을 제공하는 활동을 계획하여 제시한다(Copley, et al., 2007).

③ 의사소통하기

수학에서의 의사소통은 수학적 언어와 상징을 사용하여 자신의 수학적 사고를 말하고, 명료화하고, 조직화하며, 견고화하는 것을 말한다. 유아들은 자신의 수학적 이해나 사고를 언어화하는 기회가 필요하며, 자신의 언어뿐 아니라 관례적 언어의 사용도 점차 배워야 하는데 세부 내용은 〈표 17〉과 같다.

표 17 의사소통하기의 세부 내용

구분	내용	세부 내용
수학적 과정 기술	의사소통하기	• 수학적 아이디어를 언어를 비롯하여 그림, 도표, 그래프, 기호 또는 상징 등을 사용하여 표현하기 – 자신의 수학적 사고를 조직하고 통합하기 – 또래, 교사, 다른 사람에게 분명하고 명확하게 그들의 수학적 사고를 이야기하기 – 다른 사람의 수학적 사고와 전략을 분석하고 평가하기 – 수학적 용어 사용하기

의사소통하기(Communication)를 지도하는 방안은 다음과 같다(Copley, et al., 2007). 첫째, 의사소통의 기회를 줄 수 있는 다양한 상황을 제공한다. 둘째, 성인과 유아, 유아와 유아 간 의사소통을 증진하기 위한 방법을 상호작용한다. 셋째, 다양한 의사소통 자원(그림, 사진, 장난감 등)의 사용을 격려한다. 넷째, 적절한 수학적 어휘 사용을 모델링한다.

④ 연계하기

연계하기는 이전 경험과 새로운 학습을 연관 짓는 것을 의미한다(Copley, et al., 2007). 유아기 수학은 유아의 직관적·비형식적인 지식과 형식적인 지식의 연계를 중시해야 한다. 바꾸어 말하면 유아의 수학적 사고나 지식을 일상생활의 맥락이나 다른 상황에서 적용하여 볼 기회를 제공하는 것이 필요하다.

연계하기에는 수학적 개념들 간의 연계(예: 비교와 수 세기 개념), 수학과 다른 교과와의 연계(예: 도형과 신체표현), 수학의 내용 영역 간 연계(예: 규칙성과 확률), 수학과 일상생활의 연계(예: 분류와 정리정돈) 등 다양한 연계를 포함한다. 연계하기의 세부 내용은 〈표 18〉과 같다.

표 18 연계하기의 세부 내용

구분	내용	세부 내용
수학적 과정 기술	연계하기	• 일상적 경험을 통해 습득한 비형식적인 수학을 교육기관에서 학습하는 형식적 수학과 연계하기 – 수학적 사고 간의 연관성을 인식하여 이를 적절히 사용하기 – 수학적 지식들이 상호 연관되어 있음을 이해하고 하나의 결합된 전체를 만들기 위해 서로 연계하기 – 수학 이외의 상황에서 수학을 인식하고 적용하기

연계하기(Connections)를 지도하는 방안은 다음과 같다(Copley, et al., 2007; NCTM, 2000). 첫째, 유아가 통합하고 연계를 할 수 있는 기회를 제공하고 격려한다. 둘째, 수학이 적용되는 다양한 통합적 활동을 제공한다. 셋째, 유아교육기관에서의 수학적 활동을 가정과 연계하도록 한다.

⑤ 표상하기

표상하기는 의사소통의 방법이며 사고하기를 위한 강력한 도구이다. 유아들은 언어, 문자, 몸짓, 창안한 상징, 관례적 상징, 그리기 등을 통해 수학적 아이디어를 이해하고 아이디어에 대한 사고를 표상한다(NCTM, 2000). 즉, 유아들이 수학적 아이디어를 더 구체화시키고 반성(Reflection)적으로 사고하기 위해 다양한 표상 형태를 경험할 필요가 있다. 표상하기의 세부 내용은 〈표 19〉와 같다.

표 19 표상하기의 세부 내용

구분	내용	세부 내용
수학적 과정 기술	표상하기	• 수학적 지식과 관계를 파악하기 위해 말, 그림, 도식 등 다양한 매개물을 활용하여 자신의 내적 사고를 나타내기 – 수학적 지식을 조직, 기록, 의사소통하기 위해 표상을 만들고 사용하기 – 문제를 해결하기 위해 수학적 표상들을 선택, 적용, 변형시키기 – 물리적, 사회적, 수학적 현상을 해석하고 모델화시키기 위해 표상 사용하기

표상하기(Representation)를 지도하는 방안은 다음과 같다(Copley, et al., 2007; NCTM, 2000). 첫째, 유아들이 다양한 표상을 사용하도록 지원, 격려, 수용하는 환경을 제공한다. 둘째, 일상에서의 수학적 상황을 의미 있는 맥락으로 연결하여 표상하는 방식을 모델링한다. 셋째, 유아가 다양한 표상을 시도하도록 질문, 진술, 제안하며 격려한다.

한 마디 더! 6 유아기 수학교육의 내용은?

유아기 수학교육의 내용에 대해 2000년대 이후 국가 수준 기관과 단체에서 발행한 문헌과 유아수학교육에 관한 단행본(교육과학기술부, 2011; 권영례, 2010; 김숙령, 2002; 김영선, 2002; 김창복, 황정숙, 김경철, 2005; 나귀옥, 김경희, 2004; 배소연, 서현아, 백혜리, 강민정, 2003; 서현아, 배지미, 최남정, 2004; 이정욱, 유연화, 2008; 정연희, 2009; 차현화, 홍혜경, 김현, 2006; 천희영, 서현아, 최미현, 좌승화, 2005; 한유미, 2009; 홍혜경, 2009; Charlesworth, 2005; NAEYC & NCTM, 2002; NCTM, 2000; Klein & Starkey, 2002; Smith, 2006) 등에서 제시하고 있다.

수학적 지식(Mathematical Knowledge)이란 상황이나 사물의 관계를 논리적으로 구성하며 형성하는 지식을 의미한다(NAEYC & NCTM, 2002). 여기에는 수와 연산, 공간과 도형, 측정, 규칙성, 확률과 통계가 포함된다.

수학적 과정 기술(Mathematical Process Skill)이란 유아가 수학적 지식을 습득하는 방법과 절차를 의미하는 것으로, 유아가 수학을 경험하는 과정에서 중요한 수학적 지식을 이해하고 수학적 능력을 향상시키는 데 필요한 기술이다(Copley, 2010; NAEYC & NCTM, 2002). 여기에는 문제해결하기, 추론 및 증명하기, 의사소통하기, 연계하기, 표상하기의 다섯 가지가 포함된다.

4. 어떻게 할까?

1) 영유아의 인지발달 특징

유아가 주변 세계에 대해 정보를 획득하고 그 정보를 처리하는 방법에 대해 연구하기 시작한 학자는 피아제(J. Piaget)이다. 그는 인간의 발달 시기별로 인지발달의 특징을 감각운동기(0~2세), 전 조작기(2~7세), 구체적 조작기(7~12세), 형식적 조작기(12세 이후)로 제시하였다.

이 중 유아기에 해당하는 감각운동기와 전 조작기의 인지발달 특징과 시기별로 나타나는 놀이행동에 대해 학자들의 의견(이영, 조연순, 1997; 오영희, 주혜영, 2001)을 참고하여 정리하면 〈표 20〉과 같다.

표 20 영유아의 인지발달 특징과 시기별 놀이행동

구분		인지발달 특징	놀이행동
감각운동기(0~2세)	반사작용	0~1개월(외부의 자극에 대해 반사적 반응만 보임)	0~1개월(의도적인 놀이행동의 조짐 없음)
	1차 순환반응	1~4개월(최초로 획득된 순응, 두 가지 행동도식(예: 눈과 손)의 협응. 우연한 행동을 통해 성취되었던 행위 자체의 즐거움을 위해 재현하고자 하는 능동적 노력)	1~3개월(1차 순환반응을 즐겁게 반복적으로 수행) - 소리와 만지는 것에 반응한다. - 얼굴, 패턴, 물건을 본다. - 눈으로 움직이는 물체를 따라간다. - 주위를 탐색한다.
	2차 순환반응	4~8개월(흥미로운 광경을 지속시키려는 과정) - 그 결과에 대한 강화를 유지하기 위해 행위를 반복 - 자신이 한 행위의 결과에 대해 관심을 가지게 되고, 그 행위가 어떤 결과를 초래하는지를 보기 위해 그 행위를 반복	3~6개월(친숙한 대상에게 적용된 흥미 있는 행위 반복) - 자신의 손과 손가락을 본다. - 물건을 입에 넣으면서 탐색한다. - 벽에 걸린 물건에 다다를 수 있다. - 물건보다 사람에 더 애착을 느낀다. - 보이지 않는 소리에 반응한다.

구분		인지발달 특징	놀이행동
감각운동기(0~2세)	2차 순환반응	- 외부의 사물과 사건에도 관심을 갖게 되고, 눈에 보일 때만 찾으려고 애씀	- 물건을 찾고 잡는다. - 소리를 내기 위해 물건을 이용한다. - 부분적으로 가려진 물체를 찾는다. - 물체가 다시 나타나리라는 것을 예측한다. - 한 번에 두 가지 물체를 잡는다. - 멀어지는 물체를 시각적으로 따라간다. - 언어적 소리를 모방한다. - 행동을 반복하고 모방한다.
	2차 순환반응의 협응	8~12개월(목표 지향적이 되고, 숙달된 반응을 사용해서 간단한 문제를 해결) - 문제를 해결하는 단계 도중에, 수단을 가지고 놀이하기 위해 목적을 그만둠 - 의식화(적절한 사회적 행위를 다른 대상에게 적용시킴) - 안과 밖의 개념이 발달하기 시작한다.	6~12개월 - 지적하기 시작한다. - 결과를 얻기 위해 행동한다. - 감춰진 물체를 발견한다. - 물체를 용기 안에 넣는다. - 하나의 물건을 다른 물건에 다다르게 하기 위해서 놓는다. - 다양한 방법으로 물체를 탐험한다. - 물체에는 앞, 뒤, 꼭대기, 바닥이 있음을 이해한다. - 두 물체를 서로 친다. - 연필이나 볼펜을 주면 종이에 긁적거리는 흉내를 낸다.
	3차 순환반응	12~18개월(능동적인 실험을 통한 새로운 수단의 발견) - 재미있는 결과를 가져오게 하는 행위를 똑같이 반복하지 않고 반복하더라도 어느 정도 변화시키며 새로운 활동을 시도하고 실험 - 원하는 목표를 획득하기 위해 필요한 새로운 수단 행동을 찾고, 이전에 분리되었던 구 행동을 목표 지향적 순서로 연속시킴	12~18개월(적응적 놀이: 사물을 가지고 놀이하는 동안에 한 사물—예: 인형 컵—을 다른 것의 대치물—예: 성인 크기의 컵—로 사용하기 시작) - 시행착오를 거친다. - 다른 물건을 건드리기 위해서 물건을 이용한다. - 눈에 보이지 않는 물건을 좇는다. - 물건을 목적을 가지고 사용한다. - 책에 나와 있는 행동을 모방한다. - 새로운 행동을 모방한다. - 가사활동을 모방한다. - 작은 물건들을 조작한다.

<table>
<tr><th colspan="2">구분</th><th>인지발달 특징</th><th>놀이행동</th></tr>
<tr><td>감각운동기(0~2세)</td><td>표상과 예측</td><td>18개월~2세(내적 사고 과정을 통해 원하는 목표를 획득하기 위해 필요한 수단행동을 '고안' 함)
- 정신적 연합을 통한 새로운 수단의 발명
- 사물의 본질, 공간에서 서로 다른 통로들과의 관계, 그리고 어느 정도의 인과관계에 대해 상당한 이해를 갖게 됨
- 마음속에 사건을 그려 볼 수 있는 능력을 발달시키고 어느 정도까지 그 사건에 대한 상상을 계속할 수 있는 능력, 즉 사고를 발달시킴
- 숨겨진 물건도 찾아내는 대상영속성 발달</td><td>18개월~2세(상징적 놀이: 한 사물을 다른 것에 대한 '상징물'로 사용—예: 상자를 인형 침대로—, 일상적으로 사용되는 사물 없이 사건을 상징적으로 행함)
- 다른 물건에 영향을 미치게 하기 위해서 물건을 이용한다.
- 어떤 것을 잡기 위해 기어오른다.
- 필요하다면 장애물을 옮긴다.
- 기능적이고 적절한 방식으로 놀잇감을 사용하고 행동한다.
- 기억하여 단어와 행동을 모방한다.</td></tr>
<tr><td colspan="2" rowspan="2">전조작기(2~7세)</td><td rowspan="2">- 상징적 기능: 실제의 사물 장소, 사람 대신에 상징을 사용할 수 있음
- 동일성(identities)의 이해: 어떤 사물의 모양, 형태, 크기가 변해도 역시 같은 사물이라는 사실 이해
- 기능(functions)의 이해: 두 가지 사건 사이의 기본적인 관계 이해(예: 커튼의 줄을 당기면 커튼이 열림)
- 중심화(centration): 어떤 상황의 한 면에 초점을 맞추면 다른 면들을 무시해 버려서 비논리적인 추리를 하게 됨
- 비가역성(irreversibility): 물을 다시 반대의 방법으로 부을 수 있다는 사실을 알지 못함
- 상태에의 집중: 연속적인 하나하나의 장면에 집중하고, 한 장면에서 다른 장면으로의 전환의 의미는 이해하지 못함
- 추상(abstraction)보다는 행위(action): 상상과 현실을 완전히 구분하지 못함
- 변환적 추론(transductive reasoning): 서로 관련이 없는 두 개의 사건을, 원인과 결과의 관계로 연결시킴)</td><td>2~3세
- 크기를 이해하기 시작한다.
- 공간관계를 이해하기 시작한다.
- 양에 대한 개념을 이해하기 시작한다.
- 유사성에 대한 개념을 이해하기 시작한다.
- 분류하기 시작한다.
- 부분과 전체의 관계를 이해하기 시작한다.</td></tr>
<tr><td>3~4세
- 크기를 이해한다.
- 공간관계를 이해한다.
- 양을 이해한다.
- 유사성을 이해한다.
- 분류를 이해한다.
- 부분과 전체의 관계를 이해한다.
- 유사점과 차이점을 가지고 비교한다.</td></tr>
</table>

구분	인지발달 특징	놀이행동
전조작기(2~7세)	- 자기중심주의(egocentrism): 우주의 모든 현상을 자기중심으로 생각(예: 자기 눈을 감으면 상대방을 볼 수 없기 때문에 상대방도 자기를 볼 수 없을 것이라고 생각)	4~5세 - 일대일 대응 협응을 이해한다. - 하위 그룹을 이해한다. - 원인과 결과를 이해한다. - 더해서 50까지 센다. - 간단한 지시를 따라 하고 이해한다. - 역할놀이와 극놀이를 한다.

한 마디 더! 7 영아의 수학적 능력 관련 연구

감각운동기인 1세 미만 영아들의 수학적 능력(수 변별, 산술, 분류, 대수 능력)에 대한 보고가 있다(홍혜경, 2009).

태어난 지 1~3일 된 신생아들도 이미 둘과 셋의 양에 대한 차이를 변별할 수 있고, 사물이 유사하지 않거나, 움직이는 물체나 청각적 자극의 수량적 차이도 변별한다는 연구들이 있다.

생후 6개월 된 영아들이 하나에 하나가 추가되면 둘이어야 함을 기대하고 이와 다른 수량을 제시할 때 더 오래 응시하였다는 연구는 어린 영아도 간단한 산술 관계를 추론할 수 있음을 보여 준다.

3~4개월 영아들에게 여러 종류의 고양이 사진을 보여 준 후 말, 호랑이, 사자를 보여 주었더니 이들을 고양이의 범주에 넣지 않았다는 연구는 영아들이 범주화하는 능력이 있음을 말해 준다.

7개월 된 영아들에게 ABA 조건과 ABB 조건의 16개 단어군을 세 번 들려준 후 다른 규칙의 단어군을 제시하였을 때 친숙하지 않은 단어군 제시에 더 오래 집중한다는 보고가 있다. 영아들은 청각적 자극에 의해서도 규칙을 생성할 수 있으며, 적은 양의 투입으로도 규칙을 추출할 수 있다는 것은 영아의 언어 획득에서도 입증되고 있다.

한 마디 더! 8 유아의 수 보존 개념 발달

피아제(J. Piaget)는 유아의 수 개념이 단계적으로 발달하며, 수의 보존 개념을 이해할 수 있어야 수 개념이 획득된다고 보았다. 이는 전 조작기 유아의 비가역적 사고, 직관적 판단, 한 변인만 고려하는 등의 인지적 사고 특성 때문이라고 보았다.

- 1단계 : 지각적 비교에 의해 판단하게 되는 단계로 물체가 차지하는 공간이나 길이에 대한 지각에 의존한다. 긴 배열이 더 수량이 많은 것으로 판단한다.
- 2단계 : 직관적으로 1:1 대응이 이루어지면 물체의 동등성을 이해하나 그렇지 못하면 지각적 판단을 한다. 1:1 대응이 가시화될 경우만 동등성을 판단한다.
- 3단계 : 조작적 대응이 가능하여 물체 배열의 변화에 영향을 받지 않음을 이해한다.

한 마디 더! 9 수 세기의 원리

젤만(R. Gelman)은 수 능력을 수 추상 능력과 수 추리 능력으로 구분하고, 수 세기와 같이 물체의 특성과 상관없이 수량적 관계를 추상하는 능력은 전조작기 유아들의 주요 발달 과업이라 보았다. 그는 유아가 수를 세기 위해서는 다음의 수 세기 원리를 이해해야 한다고 하였다.

- 1:1 원리 : 배열된 각 물체에 대해 한 개의 수단어(수 이름)를 부여하여야 한다. 이 원리를 적용하기 위하여서는 센 것과 세지 않은 것의 분할하기(Partitioning)와 각 물체에 수단어 부여(Tagging)의 두 과정의 협응이 요구된다. 이러한 협응 과정을 돕는 전략으로 손가락으로 가리키며 세는 방법인 지적하기(Pointing)나 옮겨 놓기가 있다.
- 안정된 순서의 원리 : 물체에 대응하기 위해 사용되는 수단어들은 반복 가능하고 안정된 순서로 사용되어야 한다. 즉, 일상적으로 사용되는 수단어의 순서대

로 나열할 수 있어야 함을 의미한다.

- 기수의 원리 : 물체의 집합을 세는 데 마지막 항목에 적용된 수단어가 그 집합의 물체의 수량을 나타낸다는 것이다. 따라서 마지막 수단어는 그 항목에 대응된 수단어일 뿐 아니라 그 배열의 전체 수량을 표상하는 특정 수 이름의 의미도 함께 가진다는 것을 이해한다는 것이다.
- 추상화의 원리 : 이 원리는 구체적 물체를 수량화하는 것 외에 경험한 사건이나 사고 등의 정신적 실체에도 적용할 수 있다는 것이다. 즉, 수량화하고 싶은 것은 모두 셀 수 있음을 이해하는 것이다.
- 순서 무관의 원리 : 이 원리는 배열된 항목을 세는 순서는 수량과는 무관하다는 것이다. 즉, 수량을 세는 데 있어 어디서부터 시작하고 세는지의 순서는 아무 상관이 없다는 것을 이해하는 것이다.

한 마디 더! 10 유아의 수 세기 전략

유아들이 물체를 셀 수 있게 되면서 다양한 세기 전략을 사용한다는 연구 결과들이 있는데, 이를 정리하면 다음과 같다.

- 전부 세기 전략(Counting All) : 두 집합의 물체를 모아 놓고 전부를 세는 것으로 가장 초보적인 전략이다.
- 손가락으로 대치하여 세기(Finger Counting) : 물체의 수량이 제공되지 않는 경우에 손가락으로 대치하여 수를 나타낸 후 더하기나 빼기를 하는 것이다.
- 첫째 수 다음부터 계속 세기(Counting on from First Number) : 물체를 세는 대신 수단어를 세는 전략으로, 첫째 수단어 다음부터 더하여지는 수만큼 세어서 결과를 내는 것이다.
- 큰 수 다음부터 계속 세기(Counting on from Larger Number) : 물체를 세는 대신 수단어를 세는 전략으로, 큰 수단어 다음부터 더하여지는 수만큼 세어서 결과를 내는 것이다.

- 덜어내기(Seperating From) : 물체를 덜어 낸 후 남은 것을 세는 것이다.
- 피감수까지 더해 가는 세기(Counting Up) : 피감수가 될 때까지 계속 더하며 세는 것으로, 물체를 사용하기도 하고 수단어만 활용하기도 한다. 7-5인 경우, 6, 7을 세어 답 2를 내는 것이다.
- 피감수부터 거꾸로 세기(Counting Down) : 피감수에서부터 감수까지 거꾸로 세는 것이다. 7-5인 경우 6, 5를 세어 답 2를 내는 것이다.

한 마디 더! 11 영유아의 기하학적 사고 수준

피아제(J. Piaget)는 영아는 직관적으로 공간적 구성을 할 수 있으며, 유아기에는 표상적 공간을 구성할 수 있다고 보았다. 그리고 위상적 기하의 개념이 먼저 획득되고, 유클리드 기하의 개념 이해는 초등학교 이후에 가능한 것으로 보았다. 또한 힐(B. Hill)은 유아에게 가능한 기하학습 수준은 0수준과 Ⅰ수준의 학습이라고 보았는데, 이는 다음과 같다(홍혜경, 2009).

- 0수준(시각화 인식 수준; Visual Level) : 도형을 시각적·총체적으로 인식하며, 이에 대한 정신적 상(Mental Image)을 형성하지 못한다. 따라서 면이나 각도 등의 특징적 속성에 대한 인식보다는 동그라미, 세모 모양 등으로 전체적인 형태를 인식하는 수준으로 주로 촉각적·시각적 탐색을 통하여 인식하게 된다.
- Ⅰ수준(기술적/분석적 인식 수준; Descriptive/Ananytil Level) : 도형의 면, 변, 각도 등의 구체적 속성을 인식하고 설명할 수 있으나, 모양의 집합 간에 대한 관계는 이해하지 못한다. 예를 들면, 정사각형은 똑같은 네 개의 변을 가지고 있음을 알지만 그것이 직사각형에 속할 수 있음을 알지는 못한다.

2) 수학 교수–학습 방법

유아 수학교육의 방법은 크게 두 가지 유형으로 나누어 볼 수 있다. 하나는 유아에게 구조화된 지식을 전달하기 위해 반복, 기계적 훈련(Rote Drill), 연습을 강조하는 교수법과 다른 하나는 유아를 놀이, 게임, 활동에 참여하게 하여 자료 및 또래, 교사와 상호작용하면서 지식을 구성해 가도록 하는 교수법이다(황정숙, 1996).

유아기 수학 교수–학습 방법에 대해서 학자들마다 다양한 의견을 제시하고 있으나, 이은영(2010)은 유아에게 적합한 수학 교수–학습 방법에 대해 다음과 같이 정리하고 있다.

첫째, 문제해결을 통한 접근법이다. 이는 유아 스스로가 문제해결자가 되어 수학적 탐구 과정과 수학적 사고를 강조하는 교수–학습 방법이다. 이때, 문제 상황은 유아로부터 비롯된 것이어야 하고, 문제를 통해 유아가 수학을 학습할 수 있어야 하며, 해결 방법에 대한 정당성과 설명이 반드시 수반되어야만 한다.

둘째, 일상생활 또는 경험을 통한 접근법이다. 이는 유아가 친숙한 환경에서 자신이 갖고 있는 비형식적인 수학적 지식을 직접 적용하여 발달시킬 수 있는 매우 효과적인 방법이다. 단, 유아의 일상적 경험이 보다 교육적으로 의미 있는 수학적 경험이 될 수 있도록 유아의 일상을 주의 깊게 관찰하여 수학적으로 풍부한 환경과 자료를 마련해 주고, 수학적 사고를 일으키는 상호작용과 발문을 적절하게 제공해 주는 것이 중요하다.

셋째, 다양한 수학적 지식 간의 연계를 통한 접근법이다. 수학적 지식은 서로 의존적이고 다른 지식의 학습을 도와주기 때문에 이를 분리해서 가르치기보다는 통합적으로 연계하여 학습하도록 이끌어 주는 것이 이들 지식에 대한 이해를 높일 수 있는 효과적인 방법이다.

넷째, 다양한 교과 및 활동 유형과 통합하여 운영하는 접근법이다. 음악, 미술, 과학, 사회 등 다른 교과와 통합하여 운영하려는 시도가 많이 이루어지고 있으며 또한 이야기 나누기, 신체활동, 요리, 컴퓨터 활동 등 다양한 활동 유형과의 통합에 의한 수학교육의 효과가 여러 선행연구에 의해 검증되고 있다.

다섯째, 유아 주도적 접근법이다. 유아는 능동적 학습자로서 스스로 구체물을 조작·탐색하고, 수학에 대해 교사나 또래와 적극적으로 상호작용하며, 문제를 수학적으로 해결하는 과정에 참여하는 경험을 하는 것이 중요하다.

여섯째, 놀이 접근법이다. 놀이는 유아의 삶 그 자체이며 유아가 마음껏 수학을 경험할 수 있는 좋은 기회이다. 즉, 유아가 가지고 노는 여러 가지 모양, 크기, 색깔의 놀잇감들은 그 자체가 수학적 지식을 내포하고 있으며, 그렇지 않다고 하더라도 놀잇감을 가지고 놀면서 유아가 자연스럽게 수학적으로 사고하도록 이끌어 준다.

이상과 같이 유아기 수학교육은 유아의 일상생활이나 이것이 반영된 친숙하고 의미 있는 놀이 상황에서 문제가 발생할 때 문제들을 수학적으로 해결할 수 있도록 기회를 제공하는 것이 바람직하다. 그리고 이때 유아들이 각각의 수학적 지식들을 통합된 지식으로 경험할 수 있도록 하고 언어, 과학, 미술, 음악 등 다양한 교과 및 활동 유형과 유기적으로 잘 연계하여 운영한다면 효과적인 수학 교수-학습 방법이 될 것이다.

한 마디 더! 12 유아기 수학교육의 두 가지 방법?

유아에게 구조화된 지식을 전달하기 위해 반복, 기계적 훈련(Rote Drill), 연습을 강조하는 교수법은 사실과 지식을 유아에게 가장 빨리 전달하는 것이 목적이다. 이에 교사는 지식 전달자로서 자극-반응 접근과 조건화된 학습, 그리고 위계적 학습을 통해 학습자에게 지식을 전달한다. 따라서 학습자는 외부로부터 가해지는 지식을 수동적으로 받아들이며, 상벌을 통해 행동이 형성되거나 수정되는 존재라고 본다.

수학교육의 또 다른 한 가지 방법은 유아가 능동적으로 지식을 구성해 가는 것에 주안점을 두고, 유아를 호기심이 많고 탐색하며 능동적으로 배우는 존재로 본다. 유아의 학습은 그들 스스로 생각하는 것과 세상 경험들과의 지속적인 조작과 발견을 통한 자연적인 상호작용이다(Dewey, 1938; Piaget, 1965; Kamii, 1990; Ginsburg, Lee & Boyd, 2008). 그러므로 수학교육도 일상생활의 다양한 체험을 통해 유아가 의미 있게 개념을 형성해 가도록 해 주어야 한다는 입장이다.

한 마디 더! 13 놀이는 효과적인 수학교육 방법

유아는 하루 일과의 대부분을 놀면서 보내기 때문에 놀이는 유아의 일상생활 그 자체이다(홍정선, 김경철, 2006). 또한 놀이는 유아가 자신이 살고 있는 세계를 인식하고 모방하고 재창조하며 탐색할 수 있게 하는 촉매제의 역할을 한다(Hoorn, Nourot, Scales, & Alward, 2006).

놀이는 유아의 자발성을 이끌어 내고 즐거움을 제공하는 동시에 자연스럽게 지식을 얻는 과정으로 나아가도록 이끄는 특성이 있다(이경민, 서동미, 엄은나, 2009). 따라서 유아의 일상인 놀이는 주변 세계에 존재하는 수학을 탐색하고 자발적으로 수학적 지식과 개념을 학습하도록 하는 좋은 교수-학습 방법이 될 수 있다.

3) 활동 중심 통합적 접근

유아에게 '어떤 방법으로 수학을 교육할 것인가?' 하는 문제는 결국 '어떤 교육 방법이 유아의 연령 및 발달 특성에 적절한가? 또 어떤 방법이 학업 성취 효과를 더 가져올 수 있는가?' 하는 점 등에 비추어 결정해 보아야 한다.

활동 중심 통합적 교수-학습 방법은 유아가 스스로 자연스럽게 학습할 때는 자신의 현재 흥미에 기초하여 무의식적으로 모든 교과 영역을 통합하게 된다는 신념에 근거를 두고 있다. 이는 교사가 교육과정을 계획할 때 의식적으로 이러한 유아의 학습 패턴에 맞추어 주제를 중심으로 활동을 계획하여 통합교육이 이루어지도록 운영하는 것이다. 즉, 언어, 수학, 사회, 과학, 미술 등 여러 교과 및 생활 영역의 주제를 중심으로 통합하여 교육과정을 구성하여 운영함으로써 주제를 중심으로 연결된 지식을 갖게 되고 통합적 사고를 할 수 있는 능력이 키워지는 것이다 (Katz & Chard, 1989).

활동 중심 통합적 접근은 수학적 개념 중심 접근과 활동 중심 접근으로 나눌 수 있다.

수학적 개념 중심의 통합교육은 수학을 주제, 단원, 프로젝트와 통합하는 수학 중심 교육으로 수학적 개념(모양)을 탐색하기 위해 과학(같은 모양 찾아 분류하기 등), 미술(모양 콜라주 등), 언어(모양에 대해 묘사하기 등), 사회(교통표지판 모양 상징 알아보기 등), 음악, 체육(모양이 다른 악기 소리 감상, 몸으로 표현하기), 수학(속성 블록 분류, 구성하기 등) 활동을 연계하는 것이다.

활동 중심의 수학 통합교육은 일상생활 속에서 문학, 음률·신체활동, 그룹 게임, 놀이·체험 활동(전통 놀이, 극 놀이, 블록 놀이, 요리 등)을 통해서 실행될 수 있다. 이상의 활동을 통해 여러 가지 수학적 개념을 통합하는 활동 중심 교육을 예로 들면 '느낌으로 알아요'(손바닥이나 등 뒤에 수, 모양, 글자 등을 쓰는 신체활동)를 하면서 분류, 순서 짓기(크기, 길이 비교하고 순서 짓기), 수(수 읽기), 연산(한 자리 수의 덧셈, 뺄셈하기), 측정(크기, 길이 비교하고 측정하기), 공간과 기하의 기초(모양 알아맞히기), 통계의 기초 활동을 연계하는 것이다.

한 마디 더! 14 **활동 중심 통합적 접근의 세 가지 요소**

활동 중심 통합적 접근에서 강조하는 요소는 유아의 선택 활동, 구체적 자료 사용, 사회적 상호작용(유아-유아, 유아-교사, 유아-자료)의 세 가지이다(황정숙, 1996).

첫째, 유아가 자유로이 자료와 활동을 탐색하면서 선택, 계획하고, 조직하며 마무리할 수 있도록 시간을 충분히 주며, 이러한 유아의 선택 활동을 중시한다.

둘째, 유아가 구체적이고 직접적인 경험을 할 수 있도록 구체적 자료(Concrete Materials)의 활용을 중시한다.

셋째, 다양한 지식과 경험에서 오는 각기 다른 준비도를 가진 유아들이 함께 문제를 해결하는 데 주안점을 두는 사회적 상호작용을 강조한다.

4) 통합적 운영 방법

유아기에 수학을 일과 중에서 통합적으로 운영하는 방법을 여기서는 여섯 가지로 구분하여 살펴보았다.

(1) 일상 체험활동을 통한 수학교육

유아기에는 일상생활에서 수학적 개념을 자연스럽게 접할 수 있다. 즉, 영유아들은 주위에 있는 다양한 사물들을 직접 보고, 듣고, 만지고, 냄새 맡고, 맛을 보면서 수학을 경험한다. 예를 들면, 물건을 손에 쥐어 봄으로써 유아는 손에 쥘 수 있는 것과 쥘 수 없는 것을 알게 되고 이러한 경험은 크기를 배우게 될 뿐만 아니라 기초적인 분류도 가능하게 한다.

유아교육기관에서도 수학학습이 자연스럽게 이루어지는데 일과 활동 중에서도 자료의 분배, 사물의 분할, 사물의 수집, 분류, 통계와 같은 활동은 항시 일어난다. '장난감 정리하기' 나 '책상에 앉아 있는 유아의 수만큼 컵을 가져오기' 는 분류하기, 수 세기와 일대일 대응하기를 활용할 수 있는 기회를 제공한다. 조형 활동 중의 '색종이 10장을 4명의 동료 유아에게 나누어 주기' 는 기초적인 나눗셈과 분수 개념을 획득할 수 있게 해 준다. 현장견학을 가기 위하여 학부모의 동의서를 모으는 것은 '더하기' 를 배우는 자연스러운 기회가 된다. 또한 동의서를 가져온 유아와 그렇지 않은 유아를 남, 여별로 구분하여 표로 만들어 본다면 이는 통계활동이 이루어질 것이고, 남녀의 차이를 알아본다면 '빼기' 활동이 이루어질 것이다.

(2) 문학을 통한 수학교육

유아들에게 있어 문학의 가치는 어린이집에서의 문학 시간을 들여다보면 알 수 있다. 즉, 유아들이 가장 주의 집중하고 교사가 무언가에 쏙 빠져 들어가는 아이들을 바라보는 즐거움을 느끼는 시간은 단연 동화를 듣는 시간이다. 이처럼 유아들이 재미있어 하는 문학을 통해서 유아들이 꼭 알아야 하고 흥미 있는 수의 세계로 들어갈 수 있는 발판으로써 문학을 이용하는 것이다.

문학에서 수학을 이끌어 내는 방법에는 다섯 가지가 있다(Whitin, Mills & O'Keefe, 1990). 즉, 문학 속의 수학적 상황 활용, 문학 속의 조작적 물체 활용, 문학 속의 수학적 개념 활용, 문학을 창의적 구성활동으로 활용(문학의 내용이나 주제를 이용하여 유아가 창의적인 방법으로 이야기를 확장하거나 비슷한 상황의 이야기책을 꾸며 보게 하는 방법), 그리고 문학을 문제해결의 상황으로 활용(문학의 내용이 유아에게 흥미 있는 문제를 제기하는 상황을 담고 있어 발달 수준에 따라 다양한 해결책을 탐색하게 하는 방법)하는 것이다. 이를 통해 수학적 지식과 수학적 과정 기술을 획득하는 수학적 탐구 목표를 달성할 수 있다.

(3) 음률·신체 활동을 통한 수학교육

피아제(J. Piaget)는 2세까지의 감각운동기에 있는 유아는 자신의 감각과 행동을 통해서 모든 것을 학습한다고 했다. 영유아가 처음 움직이는 것을 배우고 외부 세계에 적응하는 것을 배우면서 점차 사물의 본질을 깨닫게 되고 그러한 환경에 자신의 행동을 맞추어 나간다. 그 후 차차 성장하면서 실제로 만져 보거나 움직여 보지 않고도 이러한 행동을 생각하거나 상상할 수 있게 되는 것이다.

유아들은 움직이면서 신체 부분의 명칭은 물론이고 움직이는 횟수를 센다거나(두 발 모으고 제자리에서 3회 뛰기, 2회 가장 높이 뛰어오르기 등), 음률활동을 하며 왼쪽 오른쪽의 개념도 배우고 위로 아래로 등의 방향도 배운다. 또한 크고-작고, 넓고-좁고, 빠르고-느리게, 힘 있게-가볍게, 똑바로-삐뚤삐뚤하게 등의 차이를 움직임과 함께 경험할 수 있다. 높이, 깊이, 길이, 거리 등에 대한 공간 추리력은 실제로 행동을 해 봄으로써 더욱 명확해지고, 동작을 서로 비교해 봄으로써 행동을 통해 분류 개념도 얻게 된다. 즉, 음률·신체 활동에 참여하면서 유아 자신의 동작 패턴과 기술의 여러 측면을 관찰하고 비교하고, 분류하고, 서열화하고 측정해 보면서 단순한 설명이나 암기보다 훨씬 효과적인 방법으로 수학을 경험할 수 있는 것이다.

(4) 미술활동을 통한 수학교육

미술과 수학은 시간·공간적 능력의 활용을 포함하는 학문으로서 일상생활에서 수, 양, 모양 등의 관계나 사고를 상징으로 나타내는 의사소통 도구이며 표상적 수단이라는 공통점이 있다. 또한 수학을 어려워하거나 싫어하는 유아들이 많은 반면 미술은 유아들이 가장 좋아하는 교과로서 동기 유발이 쉽다. 따라서 미술을 통한 수학교육은 보다 즐거운 경험이 되며 수학에 대한 긍정적 자세를 형성할 수 있다(한유미, 2009).

미술을 통한 수학교육 방법에는 크게 두 가지가 있다. 하나는 숫자와 그림 연결하기, 정해진 숫자만큼 그림을 그리거나 색칠하기와 같이 미술을 이용한 수학 교재를 미리 제작해 놓고 유아의 이해를 돕거나 유아의 반응을 유도하는 것이다. 그러나 이 방법은 활동 중심 또는 유아 중심 교육 방법으로 보기는 어렵다. 다른 하나는 교사가 준비한 미술 자료를 이용하여 유아가 직접 미술작품을 만드는 방법으로 그리기, 구성하기, 콜라주, 찍기 등 다양한 평면 미술과 입체 미술활동을 통한 표현을 포함하는 방법이다. 이 방법은 유아의 능동적 참여를 통한 수학적 지식의 구성에 보다 적합한 방법이라 할 수 있다. 이를 위해서는 적절한 미술활동 선정과 구체적인 자료 준비, 관련된 수학적 개념의 명료화, 그리고 상호 작품의 비교 및 감상과 생활에서의 작품 활용을 고려하는 것이 중요하다.

(5) 게임을 통한 수학교육

유아들은 어디에서나 게임을 즐겨 한다. 여러 가지 게임에 사용되는 규칙을 정하거나 도구를 세고, 게임에 참여하는 동안 유아들은 비교, 분류, 수 인식, 수 세기, 측정, 시간, 공간, 모양, 통계와 관련된 수학적 개념을 형성하고 수학적 문제해결 능력과 수학적 언어 사용 능력을 신장하는 기회를 갖게 된다(김숙령, 2002; Whitebread, 2012). 게임을 통해 유아들은 생동감 있는 상황에서 수학적 지식과 개념에 흥미를 가지고 적응할 수 있어 수학에 대해 편안한 마음을 가질 수 있다. 게임은 혼자서 하는 것보다는 여럿이 함께 해야 하므로 탈중심화가 일어날 수 있으며 자연스럽고 즐겁게 능동적으로 수학을 경험할 수 있다.

게임의 유형은 목표물 맞추기 게임, 경주, 쫓기 게임, 숨기기, 알아맞히기, 언어적 지시 게임, 카드 게임, 판 게임 등으로 분류할 수 있으며(이경우 외, 1997), 이 중 전반적으로 수에 관한 합리적 사고를 가장 많이 하도록 하는 것은 카드 게임과 판 게임이다. 게임 활용 시 유의점은 유아의 준비도에 적절한 난이도를 고려하여 게임의 규칙과 방법을 변형할 수 있도록 하며, 게임의 짝 또는 집단 구성에 신중을 기해야 한다. 가능한 한 유아들이 게임을 주도할 수 있도록 하고 책략과 운 중에 운이 차지하는 비중을 늘여 확률 개념을 경험하고 결과에 대해 상처를 덜 받도록 한다. 그리고 협동적 게임이나 대집단 게임을 계획하여 선의의 경쟁을 통해 참여자가 함께 즐거움을 느낄 수 있도록 해 주어야 한다.

(6) 전통 놀이를 통한 수학교육

전통놀이는 대대로 전승되어 오면서 민족 고유의 혼과 역사가 배어 있는 놀이로서, 자연스럽게 유아들이 경험할 수 있는 친근한 놀이이다. 그러므로 수의 단편적인 기억이나 반복, 연습에 의한 기능 획득 중심의 방법보다는 일상에서 경험할 수 있는 전통놀이가 수학의 기초 개념, 학업 성취, 문제해결 능력의 획득뿐만 아니라 수학적 태도를 함양하는 데 효과적이다. 예를 들면, 산가치 놀이 활동은 기본적인 수 세기 활동으로서 유아들에게 수 개념을 획득하는 데 도움을 준다. 딱지 퍼즐, 윷놀이, 고누, 삼목, 칠교, 땅재먹기, 구슬치기 등과 같은 우리나라 전통놀이는 일대일 대응, 수 세기, 크기·무게·길이·속도의 비교하기, 숫자 익히기 등을 포함하고 있으며, 주변에서 흔히 볼 수 있는 사물을 이용하고 있어 수학교육에서의 활용도가 매우 높다.

5) 성인의 역할

수학교육에서 성인이 할 역할은 먼저 영유아들이 자신의 놀이를 스스로 선택하고 자유롭게 활동할 수 있도록 도와주는 것이다. 이를 위해 영유아들이 스스로 놀이를 진행하기에 부족함이 없도록 준비된 환경을 마련해 준다. 그리고 놀이를 하는 동안 성인은 통합의 원리, 자발성의 원리, 직접 경험의 원리가 적용될 수 있도록 활동을 구성하여야 한다. 이들 원리를 구체적으로 설명하면 다음과 같다.

- 통합의 원리 : 수학은 수학활동에서뿐만 아니라 역할, 언어, 쌓기, 조형, 과학, 조작, 음률, 컴퓨터 등의 다양한 활동과 함께 서로 합해지기도 하고 서로 연관을 지닌 상호 연결 활동으로 진행되는 것이 바람직하다. 이러한 활동은 영유아들의 학습을 통합적으로 이루어지게 하고 통합적 발달을 유도한다.
- 자발성의 원리 : 성인은 영유아의 흥미 중심으로 스스로 학습하도록 수학활동을 전개할 필요가 있다. 영유아들은 활동을 선택할 최대한의 자유를 갖지만 교사가 준비한 계획된 환경에서의 질서를 동시에 준수하여야 한다. 질서가 있는 자유 속에서 이루어지는 활동은 영유아들로 하여금 스스로의 학습을 수행하도록 하고 문제를 해결하도록 한다. 또한 자신의 한계를 발견하도록 한다.
- 직접 경험의 원리 : 영유아들이 실제 생활에서의 구체적 경험을 통하여 학습하도록 도와야 한다. 직접적인 체험을 포함한 놀이 형태의 경험을 통해 가장 효과적인 학습이 이루어진다.

유아수학교육에 있어서 교사가 유념하여야 할 세 가지는 유아의 선택 활동 중심, 구체적 자료 사용, 또래 및 교사와의 사회적 상호작용이다(황정숙, 1996).

첫째, 교사는 유아의 선택 활동을 중시해야 한다. 유아가 학습 환경을 선택하고 조정해 볼 기회를 주기 위해 대집단으로 일과에 대한 계획을 할 때 유아 스스로 수학활동 영역을 선택할 수 있게 하고, 또 수학 영역 안에서 자기가 원하는 자료를 선택하여 능동적으로 자료를 다루며 활동을 전개할 수 있도록 한다. 즉, 여러 가지 수학 자료 중에서 자신의 발달 수준과 흥미에 맞는 자료의 종류 및 수준을 선택하여 자기 식으로 활동을 고안, 전개하며 문제해결을 위해 몰두하는 시간을 가지도록 해야 한다.

둘째, 구체적 자료(Concrete Materials)의 활용을 중시한다. 교사는 유아들에게 일상생활에서 접하기 쉽고 사용이 간편한 구체물들(Manipulatives)을 제공해 준다. 여기에는 구슬, 나무토막, 단추, 돌멩이, 말린 콩, 바둑알, 빈 용기들(병, 요구르트병, 우유곽…), 실, 끈, 핀, 필름 통, 클립, 빨대 등이 이용될 수 있다. 유아는 사물을 손으로 만지고 구체적 경험을 하면서 기초적 수학 개념을 터득하며, 구체적 수준에서 아이디어를 경험한 후에야 개념적 이해와 추상적 상징 사이를 연관지을 수 있기 때문이다(Kamii, 1990). 유아가 자연스럽게 수학활동을 할 수 있도록 물리적인 환경을 구성하는 것은 중요하다. 여러 명이 함께 자료를 탐색하고 작업하여 상호작용할 수 있게 충분히 넓고 즐겁고도 편안한 공간이 필요하다. 다양한 수학활동 자료들이 개방 선반에 배치되어 유아가 자유롭게 선택·활용할 수 있도록 해야 한다.

셋째, 사회적 상호작용(Social Interactions)을 중시한다. 교사는 유아들이 함께 문제를 해결하는 데 주안점을 두어야 한다. 유아들은 지식, 경험, 그리고 개념의 수준이 크게 다르기 때문에 해석, 전략, 해결책들도 다양하게 탐색한다. 이 같은 문제해결의 분위기는 교실의 수학활동 영역에서 또래끼리 의견을 서로 교환할 수 있도록 할 때 형성된다(Yackel, Cobb, Wood, Wheatley, & Merkel, 1990). 또한 교사는 일방적인 설명이나 지시보다는 개방식 질문이나 긍정적 언어표현 등으로 유아와 상호작용해야 한다.

알도우스(R. Althouse, 1994)는 수학 교수-학습 과정에서의 성인의 역할을 다음과 같이 제시하였다.

첫째, 유아의 기존 지식을 사용할 수 있는 방법으로 정보를 제시하여 새로운 지식을 얻고 기존의 이해를 확장하고 강화시킨다.

둘째, 성인은 유아가 문제를 인식하고 해결하기 위해 정신적·신체적으로 그들 주변의 환경과 상호작용할 수 있는 다양한 기회를 제공해 준다.

셋째, 성인은 유아가 문제를 인식하고, 답을 찾고, 정보를 조직하는 것을 도와준다.

넷째, 유아들이 상호작용하고 아이디어를 함께 나누는 것을 격려해 준다.

다섯째, 교실에서 제공되는 정보는 유아의 생활과 관련이 있는 것으로 택하고, 이 정보를 유아의 실제 생활에 적용할 수 있도록 도와준다.

여섯째, 한 영역에서 학습된 개념을 다른 영역 또는 같은 영역의 다른 개념과 관련짓는 경험을 제공해 준다.

활동 중심 통합적 수학교육은 유아의 선택 활동, 구체적 자료, 사회적 상호작용을 중시하여 유아가 구체물로 수학활동을 계획, 실행(조사하기-발견하기-토의하기-결론 짓기), 평가하는 과정에서 또래 및 교사와 함께 능동적으로 상호작용하는 방법이다(황정숙, 1996).

여기서의 교수-학습 과정과 상호작용 시 '대표적 질문의 예'를 살펴보면 [그림 3]과 같다(황정숙, 2002).

계획(대집단)
- 자료 및 활동 소개
- 활동 방법과 주의점, 궁금한 것 이야기 나누기
- 활동 계획하기

실행(소집단)

1. 조사하기(inverstigate)
   - 환경 탐색하기 – "어떤 것들이 있나 살펴보자."
   - 자료 직접 경험하기 – "하고 싶은 것을 가지고 놀자."
2. 발견하기(find)
   - 자료 사용의 다양한 방법 시도하기 – "어떻게 노는 것일까?" – "다른 방법은?"
   - 자료의 연관성·규칙성 알아내기 – "이것과 비슷한 점은 무엇일까?" – "어떤 관계가 있을까?"
   - 문제 해결하기 – "이것은 어떻게 하면 될까?" – "왜 그렇게 하지?"
3. 토의하기(discuss)
   - 알아낸 것 이야기하기 – "어떻게 했는지 이야기해 보자." – "무엇을 알아냈어?"
   - 유사점·차이점 토의하기 – "앞에 했던 것과 비슷한 점은?" – "다른 점은 무엇이지?"
   - 발견한 것 정당화하기 – "왜 그렇게 했는지 말해 보자." – "자기가 한 것이 무엇 때문에 옳은지 이야기해 보자."
4. 결론 내리기(conclude)
   - 알아낸 것 공식화하기 – "네가 알아낸 것에 대해 말해 보자."
   - 입증·증명하기 – "그렇게 한 것이 맞는지 더 살펴보고 선생님께 이야기해 줘."
   - 공유하기 – "자기가 알아낸 것을 서로 이야기해 주자."

평가(개별활동)

자기 보고(self-report)하기
- 활동이 어떠했는가? – "놀이하니까 어땠어?" – "재미있었니?" – "뭐가 재미있었어?"
- 활동 방법은 어떠했는가? – "어떻게 했지?" – "무엇을 가지고 어떻게 하는 놀이였어?"
- 무엇을 알았는가? – "어떤 걸 알아냈지?" – "왜 그렇게 했을까?"
- 다르게 놀이하는 방법은? – "다른 방법이 있을까?" – "만일 이렇게 하면 어떻게 될까?"

그림 3 수학교육의 교수-학습 과정과 질문의 예

한 마디 더! 15 영아 탐색활동에서의 상호작용 방법

영아의 수학적 탐색활동에서 성인의 바람직한 상호작용 방법은 다음과 같다(천혜영, 홍혜경, 2009).

- 촉진하기 : 영아가 수학적 탐색놀잇감을 선택할 수 있도록 먼저 교사가 놀잇감 주위에 앉아 탐색놀잇감을 조작하고 있기
  - "오늘은 뭘 가지고 놀고 싶니?"
- 인정하기 : 영아의 탐색활동에 관심을 갖고 지켜보며 영아의 행동을 읽어 주기
  - "○○가 탑을 쌓았구나!"
- 따라 하기 : 영아가 하는 행동을 교사가 그대로 따라 하기
  - "나도 ○○처럼 탑을 쌓아 보아야지!"
- 방향 바꾸기 : 교사가 수학적 탐색활동을 위하여 혼잣말로 영아의 관심을 이끌어 내기
  - "노란색 위에 파란색을 올려도 되는구나! 더 큰 것은 어디 있을까?"
- 모델 보이기 : 교사가 원하는 행동에 대해 혼잣말을 하며 스스로 본을 보여 줌으로써 영아의 행동을 이끌어 내기
  - "이렇게 쌓으면 되겠구나!"
- 정보 주기 : 영아의 근접발달지대 내에서 놀잇감의 수학적 개념을 언어적 정보를 활용하여 도움을 주기
  - "초록색 포도가 더 많은 것 같구나!"
- 정교화하기 : 영아의 행동에 구체적으로 수학적 개념의 어휘를 사용하여 표현해 주기
  - "하나, 둘, 셋. 세 개를 쌓았구나!"
- 함께 구성하기 : 교사와 영아, 영아와 영아의 상호작용 격려하기
  - "함께 만들어 보자."
- 확장하기 : 영아의 탐색활동이 연계된 놀이활동으로 확장하기
  - "다른 토끼에게도 큰 사과를 줄까?"

5. 무엇을 알았는가?

1) 평가 유형

유아수학교육에서의 평가는 유아의 수학적 지식, 과정 기술, 태도의 발달 정도를 평가하고, 유아를 위한 프로그램의 적절성을 평가하며, 유아의 수학학습을 극대화시킬 수 있는 발달에 적합한 학습 경험의 틀을 제시해 주는 것이다(이정욱, 유연화, 2008).

일반적으로 유아가 현재 알고 있는 것과 할 수 있는 것을 수학활동을 하기 전에 알아보는 진단평가와 수학활동이 실시되는 동안 교수-학습 과정이 효율적으로 진행되는지 확인하고 적절한 피드백을 통해 이를 개선하기 위해 실시하는 형성평가, 그리고 수학활동이 모두 이루어진 후 활동의 목적이 달성되었는지 여부를 확인하기 위해 실시하는 총괄평가가 있다.

(1) 형식적 평가 도구의 예

진단평가, 형성평가, 총괄평가는 형식적 평가와 비형식적 평가의 형태로 이루어질 수 있는데, 형식적 평가는 일반적으로 표준화된 검사나 도구를 활용하여 실시하는 평가를 말한다. 형식적 평가는 유아가 어려워하는 수학적 지식은 무엇이며, 전체 유아와 비교했을 때 개별 유아의 수준이 어느 정도인지를 가늠할 수 있는 장점이 있다(이정욱, 유연화, 2008; 정연희, 2009). 반면, 개별 유아의 잠재적 발달 가능성을 고려하지 않고 문제해결 능력, 수학적 사고 과정 등을 평가하기 어렵다는 단점도 있다.

최근의 유아 수학 관련 형식적 평가 도구에는 최혜진(2003)의 유아수학능력검사, 김소향(2004)의 수학 게임을 통한 유아의 수학적 지식, 수학적 과정 기술, 수학적 태도에 대한 평가, 김지영(2004)의 NCTM의 유아수학교육 내용 기준에 근거한 유아수학능력평가, 최혜진·황해익(2007)의 유아그림수학능력검사, 고은미(2008)의 역동적 유아측정능력검사 등이 있다. 여기서는 김소향(2004)과 최혜진·황해익(2007)의 평가 도구를 소개한다.

① 수학 게임을 통한 평가 도구(유아용)

- 개발자(개발 연도) : 김소향(2004)
- 구성 : 수학적 지식, 수학적 과정 기술, 수학적 태도로 나누어 총 42문항
- 세부 항목 :

  수학적 지식 – 수와 연산, 공간과 기하, 측정, 패턴, 자료의 조직과 분석의 30문항

  수학적 과정 기술 – 문제 해결하기, 의사소통하기, 추론하기의 7개 문항

  수학적 태도 – 호기심, 주의 집중, 개방성, 적극성, 지속성의 5개 문항
- 채점 방법 : 각 문항에 대한 최저 점수는 0점, 최고 점수는 2점으로 누계 기록
- 수학 게임 평가 도구 소개 : 칼라 볼링 게임, 색깔 창문 만들기 게임, 거미 만들기 게임, 블록 재기 게임, 패턴 카드 만들기 게임
- 특징 : 유아의 수학적 지식, 수학적 과정 기술, 수학적 태도를 교수–학습과 평가가 통합된 수학 게임을 통하여 평가할 수 있도록 고안

② 유아 그림수학능력검사

- 개발자(개발 연도) : 최혜진, 황해익(2007)
- 구성 : 대수, 수 개념, 기하, 측정의 총 80문항
- 세부 항목 :

  대수 영역 – 분류, 패턴, 서열, 관계 추론의 20문항

  수 개념 영역 – 수 세기와 수 연산의 25문항

  기하 영역 – 도형과 공간 개념의 20문항

  측정 영역 – 시간과 측정의 개념 15문항
- 채점 방법 : 각 문항에 정답 또는 정확한 수행을 할 경우에는 1점, 그렇지 않

을 경우에는 0점으로 기록

(2) 비형식적 평가 도구의 예

개별 유아의 특성을 보다 정확히 파악하기 위해서는 위의 형식적 평가 도구 외에 다양한 평가 방식을 활용해야 한다. 그리고 유아가 무엇을 어떻게 하였으며, 무엇을 할 수 있는지 등의 수행 과정에 기초한 과정 중심의 질적 평가 방식이 보다 적절하다(황해익, 김선형, 조은래, 2011; NAEYC & NCTM, 2002).

비형식적 평가는 유아교육기관의 일과나 자연스러운 상황에서 이루어지는 평가로 관찰, 면접, 설문지, 실제 작품의 표본, 체크리스트, 비디오 촬영 등의 방법이 있다. 여기서는 영유아의 연령, 발달 특성, 수학활동 목표를 고려하여 제작·사용할 수 있는 체크리스트와 포트폴리오의 예를 간단히 소개한다.

① 수와 연산 관찰 체크리스트(2~3세)

표 21 수와 연산 관찰 체크리스트의 예

내용	능숙	발현 중	미발견
• 생활 속에서 수 모양을 찾을 수 있다.	______	______	______
• 일대일 대응을 할 수 있다.			
– 사물과 사물	______	______	______
– 사물과 수(3까지)	______	______	______
• 5 이내의 수량에서 '같다, 더 많다, 더 적다'의 관계를 말한다.	______	______	______
• 수를 순서에 맞게 5까지 말한다.	______	______	______
• 5까지 수를 셀 수 있다.	______	______	______
• 5 이상의 수를 셀 수 있다.	______	______	______
• 처음과 끝을 안다.	______	______	______
• 합해서 5 이내가 되는 수량을 더한다.	______	______	______

② 수학 포트폴리오 평가

포트폴리오(Portfolio)라고 불리기도 하는 평가 방법으로, 유아가 그린 그림이나 만들기 작품, 또는 언어활동의 다양한 자료들을 정리하고 이를 분석하여 평가하는 것을 말한다. 유아 개인의 작업 결과물이나 집단 공동의 결과물은 바로 유아의 탐구생활 영역에서의 학습을 적나라하게 보여 줄 수 있는 자료로 가장 쉽게 사용할 수 있는 방법이다(Grace & Shores, 1992; Gullo, 1997; 황해익 외, 2011 재인용).

예를 들면, 유아가 그린 그림이나 모양 꾸미기 작품, 만들기 자료, 그 밖에 수학 지식이나 기술의 활용을 엿볼 수 있는 작품들을 통해서 유아의 수학적 개념 발달 및 논리·수학적 지식 정도를 어느 정도 파악할 수 있다. 평가 결과는 다음의 교수-학습에 반영하여 활용할 수 있도록 한다.

표 22 수학 포트폴리오 평가의 예

유아명	심청이(씨앗반, 2세~31개월)	평가 시기	2012년 6월 7일	
평가 상황	교육 주제-나와 가족, 활동 유형-자유선택활동, 활동 영역-조형 영역, 활동명-사람 그리기			
관점	사람을 그림으로 표현하는가?	평가 유형	체크리스트, 활동 기록지(사진 자료)	
체크리스트		능숙	발현 중	미발견
평가 내용	1. 종이와 색연필을 용도에 맞게 사용하는가?			
	2. 안과 밖(얼굴, 옷)을 구분하여 그리는가?			
	3. 신체 각 부위가 나타나 있는가?			
	4. 종이 전체를 사용하는가?			
	5. 그림에 대한 자기의 생각을 말로 표현하는가?			
활동 기록지				
자유선택활동 시간 조형 영역에서 '사람 그리기' 활동 〈평가 자료〉  				
해석	청이는 종이 전체에 인물을 꽉 채워 그렸고, 그림 그리기의 주제(사람을 그려요)를 잘 이해하고 바른 자세로 앉아서 집중하여 자기 식으로 사람을 잘 표현하였다.			

표 23 수학 포트폴리오 평가 결과를 교수-학습 계획에 반영한 예

포트폴리오 결과 분석	차시 교수-학습 계획에 반영한 내용
1. 머리와 몸통, 팔, 다리가 구분되어 있으나 손과 발이 구체적으로 나타나지 않았다.	1. 신체 각 부분의 관찰을 돕는 활동을 한다. - "손은 어디 있나? 요기, 발은 어디 있나? 여기…" 노래 부르며 신체 탐색하기
2. 얼굴 안에 눈, 코, 입이 포함되어 있고 옷 안에 무늬를 그려 넣은 것으로 보아 위 아래, 안과 밖의 개념이 형성되었다.	2. 신체 각 부분의 위치와 방향에 대한 관찰을 돕는 발문과 활동을 추가로 제공한다. - 특징 보고 같은 사람 찾기 게임 - 얼굴의 같은 점과 다른 점 찾기
3. 인물화 그리기에 흥미가 높으며, 사람의 모습에 대해 관찰과 표상이 매우 잘 되고 있다.	3. 그리기 자료와 기법을 다양하게 하여 활동을 추가하고, 인물의 행위와 감정에 대해서도 관심을 갖게 한다. - 무엇을 하고 있는지, 어떤 기분인지에 대해 질문

2) 평가 준거

유아기 수학 능력을 알아보기 위해 수행평가를 할 때의 평가 준거에 대해 유지은(2010)은 〈표 24〉와 같이 제안하였다.

표 24 유아 수학 능력 수행평가 준거의 예

수학교육 영역	평가 과제		수행평가 준거
수와 연산	더하기 과제	상	물체나 수를 사용하지 않고 바로 답을 말하는 수 세기
		중	손가락을 이용하여 각 가수의 확인 과정 없이 첫 가수부터 합하여 수 세기
		하	구체물을 이용하여 각 가수의 확인 과정 후 합하여 수 세기
	빼기 과제	상	물체나 수를 사용하지 않고 바로 답을 말하는 수 세기
		중	손가락을 사용하여 감수만큼 덜어내고 나머지 수 세기
		하	구체물을 이용하여 감수만큼 덜어내고 나머지 수 세기
기하와 공간	도형 합성 과제	상	새로운 형태를 만들기 위해 도형을 합성한다.
		중	그림을 맞추기 위해 여러 개의 도형을 사용하여 합성한다.
		하	각 도형의 특징을 그대로 이용하여 도형을 합성한다.
측정	삼각형 크기 비교	상	한 번만 조절하여 겹쳐서 놓기
		중	한 번만 조절하여 나란히 놓기
		하	무작위로 맞대어 놓기
규칙성	패턴 과제	상	규칙적 관계를 알고 새롭게 연장해 나가기
		중	규칙적 관계를 표현하고 따라 만들기
		하	규칙적 관계를 인식하기
자료 분석 및 결과 제시하기	분류하기 과제	상	크기, 모양, 색 세 가지 모두 고려하여 분류하기
		중	크기, 모양, 색 중에서 두 가지만 고려하여 분류하기
		하	크기, 모양, 색 중에서 한 가지만 고려하여 분류하기

한 마디 더! 16 유아기 수학교육 효과 검증 방법?

유아의 수학적 사고 능력과 잠재적 가능성을 평가하기 위한 방법에는 자료 수집에 있어서 규준화의 여부에 따라 형식적 평가 방법과 비형식적 평가 방법이 있다. 형식적 평가는 성취도를 통해 개인 간의 능력을 비교하는 표준화 검사와 비표준화 검사 도구가 있으며, 비형식적 평가는 개인의 성장 및 진보를 살펴보기 위해 유아의 행동을 관찰하고 부모와 유아를 면담하고, 비디오를 통해 자료를 수집하는 것이다(교육과학기술부, 2009).

형식적 평가는 일반적으로 표준화된 것을 말하는 것으로 누가 사용하더라도 검사의 실시와 채점, 결과 분석이 동일하도록 모든 절차와 방법을 일정하게 만들어 놓은 검사이다. 이를 규준 지향적 검사라고도 하는데 검사 문항의 표집과 구성을 정확하게 하여 검사 실시 조건과 채점 방법을 일정하게 규정하고 검사 결과의 해석을 표준화시킨다. 이는 규준에 비추어 의미 있게 비교할 수 있도록 규준점수를 제시하는 것이며 신뢰성과 타당성이 높아 유아교육 현장에서 많이 활용되고 있다(김정원, 강숙현, 전선옥, 2000).

그러나 표준화 검사의 활용에 따른 또 다른 잠재적인 위험성도 고려되어야 한다. 첫째, 검사와 검사 결과에 나타난 점수에 너무 의존하여 유아의 현 상황을 전혀 고려하지 못하고 검사 점수를 높이는 것에 초점을 두게 한다. 이에 유아 중심 교육이 아닌 내용 중심 또는 교과 중심 교육이 될 우려가 있다. 둘째, 검사 결과에 기초하여 유아를 낙인찍고 부적절하게 분류할 수 있다. 그리고 잘못된 정보로 해가 될 수도 있다. 특히 유아는 개인차가 크고 발달이 빠르기 때문에 검사를 언제 실시하고, 어떻게 실시했는지에 따라서도 상이한 검사 결과를 가져올 수 있다. 이렇듯 형식적 검사는 유아의 발달과 학습 특성을 묘사하는 데 많은 어려움이 있다.

그에 반해 비형식적 평가는 자연스러운 상황에서 유아들의 교육을 방해하지 않고 평가하는 것으로 실제 작품의 표본뿐만 아니라 직접 관찰, 면접, 설문지, 체크리스트 등을 사용한다. 비형식적 평가 방법은 유아의 입장을 가장 많이 고려한 방법으로 검사자가 원하는 자료를 얻을 수 있으며 유아의 행동 발생과 동시에 기록할 수 있어 비교적 안정되고 풍부한 자료를 얻을 수가 있다. 그러나 비형식적 방법 또한 여전히 테스트라는 틀에서 크게 벗어나지 못하며 테스트와 측정이 유아의 발달적 요구에 적합한 교육과정에 부합하는지의 여부에 관해서도 많은 논란이 있다.

이에 형식적 평가와 비형식적 평가에서 야기되는 문제를 해결하는 방안으로 대안 측정 또는 참 측정(Alternative or Authentic Assessment)이라는 평가가 부각되기 시작했다. 이는 다양한 유형의 비형식적 측정 절차를 조직하고 그로부터 의미를 만들어 가는 것을 돕는 측정을 위한 접근 방법이다. 즉, 유아 스스로가 자신의 지식이나 기능을 나타낼 수 있도록 결과물을 만들거나 행동으로 보이거나 정답을 스스로 만들어 낼 수 있도록 하는 평가 방법으로, 유아의 수학적 사고의 발달을 보다 정확하게 측정하는 데 적합하다.

대안평가, 또는 수행평가라고 지칭하는 이 평가의 목적은 다음과 같다(국립교육평가원, 1997: 교육과학기술부, 2009 재인용). 첫째, 유아가 가지고 있는 수학적 개념 지식을 실제적으로 활동에 적용할 수 있는지를 평가할 수 있다. 둘째, 표준화 검사로는 알기 어려운 구체적 사항까지 평가할 수 있다. 셋째, 여러 방면으로 지식이나 능력을 지속적으로 평가할 수 있다. 넷째, 유아 개인에게 의미 있는 학습활동이 이루어지도록 격려한다. 다섯째, 평가 과정에서 유아의 학습 이해도를 높여 줄 수 있다.

유아기 수학교육에서 평가는 유아의 성장과 발달을 돕고 유아의 학습에 영향을 주는 과정 중심 평가가 되어야 한다. 이를 위해 유아 수학교육의 목적과 목표에 맞는 기준(Standard)과 규준(Norm)에 근거한 객관적이고 종합적인 자료를 유아의 일상에서 수집하여야 할 것이다. 즉, 유아가 문제 상황을 탐구하고 스스로 지식을 구성해 나가면서 수학에 대해 긍정적 태도를 형성해 나가는지를 일상에서 기록하여 유아 개인에 맞는 체계적인 피드백과 지원을 하는 것이 평가가 필요한 이유이다.

제 2 부

나뭇잎 수학놀이 80

나/뭇/잎/수/학/놀/이

즐/겁/게/배/우/는/영/유/아/수/학

1. 수학 탐구 내용에 따른 연령별 수학놀이

수학 탐구 내용		연령	놀이명	쪽
수학적 지식	수와 연산 (수 감각)	0~1세	1-1. 소리와 움직임!	84
			1-3. 나뭇잎 부채	88
			1-4. 나뭇잎(솔방울) 안녕!	90
			1-5. 나뭇잎 잡기	92
			1-9. 나뭇잎 방석	100
			1-10. 같은 것끼리	102
		1~2세	2-5. 나뭇잎 따기(소꿉놀이)	122
			2-6. 나뭇잎 목욕시키기	124
			2-12. 열매 케이크	136
			2-16. 『나뭇잎이 달아나요』 신체표현	144
		2~3세	3-2. 열매 줍고 관찰하기	152
			3-3. 도토리 모으기	154
			3-10. 같은 종류로 1, 2, 3	168
			3-12. 큰 수 세기	172
			3-17. 『나뭇잎을 타고 가자』 그림책 감상	182
		3~4세	4-4. 나뭇잎이 열려요	192
			4-6. '가위바위보' 하며 나뭇잎 따기	196
			4-12. 나무 기둥 수 세기	208
		4~5세	5-4. 꽃잎 건너뛰며 세기, 역으로 세기	228
			5-8. 나뭇잎 조각(반쪽 등) 찾기	236
			5-9. 나뭇잎의 앞과 뒤	238
			5-11. 열매 던지고 받기	242
			5-12. 나무의 나이	244

수학 탐구 내용		연령	놀이명	쪽
수학적 지식	공간과 도형	0~1세	1-2. 가까이 멀리	86
			1-6. 나뭇잎 까~꿍	94
			1-8. 손가락 느낌!	98
			1-11. 둥근 잎과 뾰족한 잎	104
			1-14. 나뭇잎(열매) 보물 찾기	110
		1~2세	2-7. 나뭇잎 얼굴	126
			2-9. 알록달록	130
			2-11. 『나뭇잎 아저씨』 그림책과 산책	134
			2-13. 솔방울로 모양 만들기	138
		2~3세	3-1. 나무 그늘 안과 밖	150
			3-8. 나뭇잎에 물감 칠하기	164
			3-9. 나뭇잎, 열매 모양 찍기	166
			3-14. 『나뭇잎의 여행』 모양 구성	176
		3~4세	4-2. 나뭇잎 밟고 지나가기	188
			4-3. 찾자! 나뭇잎	190
			4-9. 모양 구성하기	202
			4-15. 나뭇잎 2개로 동물 표현하기	214
			4-16. '사계절 나뭇잎'	216
		4~5세	5-2. 대칭(접어 보기)	224
			5-7. 패턴 구성	234
			5-8. 나뭇잎 조각(반쪽 등) 찾기	236
			5-13. 나뭇잎 보고 그리기	246
	측정	0~1세	1-3. 나뭇잎 부채	88
			1-7. 뿌리기(흩기)와 담기	96
			1-12. 바닥에 나뭇잎 붙이기	106
		1~2세	2-1. 나무 안녕!	114
			2-2. 흩기와 모으기	116
			2-4. 모래(흙) 속 나뭇잎	120

수학 탐구 내용		연령	놀이명	쪽
수학적 지식	측정	2~3세	3-4. 나뭇잎 실어 나르기	156
			3-5. 식물에 물 주기	158
			3-6. 나뭇잎 담기	160
			3-13. 나뭇잎 맞히기	174
			3-15. 나무 안아 주기	178
		3~4세	4-4. 나뭇잎이 열려요	192
			4-5. 나무 기둥 배열, 뛰어내리기	194
			4-10. '많다 적다' 양의 비교	204
			4-11. 솔방울 던져 바구니에 넣기	206
			4-14. '나뭇잎' 이야기 만들기	212
			4-16. '사계절 나뭇잎'	216
		4~5세	5-1. 순서대로 놓기(색, 건조한 상태)	222
			5-2. 대칭(접어 보기)	224
			5-6. 땅 채우기	232
			5-10. 열매로 길이 재기	240
			5-12. 나무의 나이	244
			5-16. 『나뭇잎 자』 동화와 길이 재기	252
	규칙성	1~2세	2-3. 나뭇가지 꽂기	118
			2-10. 나뭇잎 기차	132
			2-14. 나뭇잎 자국	140
			2-15. '나뭇잎, 땡'	142
		2~3세	3-7. 나뭇가지 연주	162
			3-16. 나뭇잎 프로타주	180
		3~4세	4-1. 나뭇잎 일렬로 늘어놓기	186
			4-7. 순서대로 놓기	198
			4-12. 나무 기둥 수 세기	208
			4-13. 지시대로 나뭇잎 배열	210
		4~5세	5-4. 꽃잎 건너뛰며 세기, 역으로 세기	228

수학 탐구 내용		연령	놀이명	쪽
수학적 지식	확률과 통계	0~1세	1-6. 나뭇잎 까~꿍	94
			1-13. 점토와 나뭇잎	108
		1~2세	2-8. 깃털에서 나뭇잎 찾아내기	128
			2-13. 솔방울로 모양 만들기	138
		2~3세	3-11. 나뭇잎은 보물	170
			3-13. 나뭇잎 맞히기	174
		3~4세	4-8. 나뭇잎 개수 알아보고 짝 짓기	200
			4-11. 솔방울 던져 바구니에 넣기	206
			4-17. 『나뭇잎 등』 동화와 나뭇잎 분류	218
		4~5세	5-5. 열매 홀짝	230
			5-14. '꽃과 잎' 짝 짓기	248
			5-15. 『팔랑팔랑 버들잎 여행』	250
수학적 과정 기술	문제해결 하기	0~1세	1-4. 나뭇잎(솔방울) 안녕!	90
			1-7. 뿌리기(흘기)와 담기	96
			1-9. 나뭇잎 방석	100
			1-11. 둥근 잎과 뾰족한 잎	104
		1~2세	2-4. 모래(흙) 속 나뭇잎	120
			2-14. 나뭇잎 자국	140
		2~3세	3-2. 열매 줍고 관찰하기	152
			3-6. 나뭇잎 담기	160
			3-13. 나뭇잎 맞히기	174
		3~4세	4-2. 나뭇잎 밟고 지나가기	188
			4-5. 나무 기둥 배열, 뛰어내리기	194
			4-11. 솔방울 던져 바구니에 넣기	206
		4~5세	5-9. 나뭇잎의 앞과 뒤	238
			5-10. 열매로 길이 재기	240

수학 탐구 내용		연령	놀이명	쪽
수학적 과정 기술	추론 및 증명하기	0~1세	1-1. 소리와 움직임!	84
			1-2. 가까이 멀리	86
			1-6. 나뭇잎 까~꿍	94
			1-14. 나뭇잎(열매) 보물 찾기	110
		1~2세	2-1. 나무 안녕!	114
			2-7. 나뭇잎 얼굴	126
			2-15. '나뭇잎, 땡'	142
		2~3세	3-5. 식물에 물 주기	158
			3-7. 나뭇가지 연주	162
			3-10. 같은 종류로 1, 2, 3	168
			3-12. 큰 수 세기	172
		3~4세	4-12. 나무 기둥 수 세기	208
		4~5세	5-1. 순서대로 놓기(색, 건조한 상태)	222
			5-3. 나뭇잎과 열매 관계	226
			5-4. 꽃잎 건너뛰며 세기, 역으로 세기	228
			5-5. 열매 홀짝	230
			5-6. 땅 채우기	232
			5-10. 열매로 길이 재기	240
			5-15. 『팔랑팔랑 버들잎 여행』	250
			5-16. 『나뭇잎 자』 동화와 길이 재기	252
	의사소통하기	0~1세	1-3. 나뭇잎 부채	88
			1-11. 둥근 잎과 뾰족한 잎	104
			1-13. 점토와 나뭇잎	108
			1-14. 나뭇잎(열매) 보물 찾기	110
		1~2세	2-11. 『나뭇잎 아저씨』 그림책과 산책	134
			2-13. 솔방울로 모양 만들기	138
			2-15. '나뭇잎, 땡'	142

수학 탐구 내용		연령	놀이명	쪽
수학적 과정 기술	의사소통하기	2~3세	3-1. 나무 그늘 안과 밖	150
			3-4. 나뭇잎 실어 나르기	156
			3-14. 「나뭇잎의 여행」 모양 구성	176
			3-15. 나무 안아 주기	178
			3-17. 『나뭇잎을 타고 가자』 그림책 감상	182
		3~4세	4-4. 나뭇잎이 열려요	192
			4-5. 나무 기둥 배열, 뛰어내리기	194
			4-6. '가위바위보' 하며 나뭇잎 따기	196
			4-13. 지시대로 나뭇잎 배열	210
			4-14. '나뭇잎' 이야기 만들기	212
		4~5세	5-3. 나뭇잎과 열매 관계	226
			5-4. 꽃잎 건너뛰며 세기, 역으로 세기	228
			5-5. 열매 홀짝	230
			5-11. 열매 던지고 받기	242
			5-14. '꽃과 잎' 짝 짓기	248
			5-15. 『팔랑팔랑 버들잎 여행』	250
	연계하기	0~1세	1-5. 나뭇잎 잡기	92
			1-9. 나뭇잎 방석	100
			1-10. 같은 것끼리	102
			1-12. 바닥에 나뭇잎 붙이기	106
			1-13. 점토와 나뭇잎	108
		1~2세	2-2. 흩기와 모으기	116
			2-3. 나뭇가지 꽂기	118
			2-5. 나뭇잎 따기(소꿉놀이)	122
			2-6. 나뭇잎 목욕시키기	124
			2-8. 깃털에서 나뭇잎 찾아내기	128
			2-14. 나뭇잎 자국	140

수학 탐구 내용		연령	놀이명	쪽
수학적 과정 기술	연계하기	2~3세	3-11. 나뭇잎은 보물	170
			3-14. 『나뭇잎의 여행』 모양 구성	176
			3-15. 나무 안아 주기	178
			3-17. 『나뭇잎을 타고 가자』 그림책 감상	182
		3~4세	4-3. 찾자! 나뭇잎	190
			4-8. 나뭇잎 개수 알아보고 짝 짓기	200
			4-10. '많다 적다' 양의 비교	204
			4-17. 『나뭇잎 등』 동화와 나뭇잎 분류	218
		4~5세	5-8. 나뭇잎 조각(반쪽 등) 찾기	236
			5-11. 열매 던지고 받기	242
			5-12. 나무의 나이	244
			5-14. '꽃과 잎' 짝 짓기	248
	표상하기	0~1세	1-1. 소리와 움직임!	84
			1-8. 손가락 느낌!	98
			1-12. 바닥에 나뭇잎 붙이기	106
		1~2세	2-9. 알록달록	130
			2-10. 나뭇잎 기차	132
			2-12. 열매 케이크	136
			2-13. 솔방울로 모양 만들기	138
			2-16. 『나뭇잎이 달아나요』 신체표현	144
		2~3세	3-3. 도토리 모으기	154
			3-8. 나뭇잎에 물감 칠하기	164
			3-9. 나뭇잎, 열매 모양 찍기	166
			3-16. 나뭇잎 프로타주	180
		3~4세	4-1. 나뭇잎 일렬로 늘어놓기	186
			4-7. 순서대로 놓기	198
			4-9. 모양 구성하기	202
			4-15. 나뭇잎 2개로 동물 표현하기	214
			4-16. '사계절 나뭇잎'	216

수학 탐구 내용		연령	놀이명	쪽
수학적 과정 기술	표상하기	4~5세	5-2. 대칭(접어 보기)	224
			5-7. 패턴 구성	234
			5-13. 나뭇잎 보고 그리기	246
			5-16. 『나뭇잎 자』 동화와 길이 재기	252

2. 수학놀이의 실제

1) 0~1세 수학놀이

놀이명	수학적 지식	수학적 과정 기술	쪽수
1-1. 소리와 움직임!	수 감각-비교	추론 및 증명하기-수학적 추측 표상하기-내적 사고 표현	84
1-2. 가까이 멀리	공간과 도형-거리, 모양	추측 및 증명하기-관계와 규칙성 파악	86
1-3. 나뭇잎 부채	수 감각-구분(같다, 다르다) 측정-바람의 세기	의사소통하기-수학적 상황에 대해 반응	88
1-4. 나뭇잎(솔방울) 안녕!	수 감각-구분, 비교	문제해결하기-참여, 탐색	90
1-5. 나뭇잎 잡기	수 감각-비교	연계하기-상호 연관성 이해	92
1-6. 나뭇잎 까~꿍	확률과 통계-전체와 부분 공간과 도형-모양	추론 및 증명하기-관계와 규칙성 파악	94
1-7. 뿌리기(흩기)와 담기	측정-많고 적음	문제해결하기-참여, 상황 해결	96
1-8. 손가락 느낌!	공간과 도형-모양 탐색	표상하기-내적 사고 표현	98
1-9. 나뭇잎 방석	수 감각-비교	문제해결하기-참여, 탐색 연계하기-상호 연관성 이해	100
1-10. 같은 것끼리	수 감각-비교, 일대일 대응	문제해결하기-탐색 연계하기-상호 연관성 이해	102
1-11. 둥근 잎과 뾰족한 잎	공간과 도형-모양 구분	문제해결하기-적절한 전략 선택, 적용 의사소통하기-수학적 어휘 사용	104
1-12. 바닥에 나뭇잎 붙이기	측정-크기·색·모양 비교	연계하기-상호 연관성 인식 표상하기-내적 사고 표현	106
1-13. 점토와 나뭇잎	확률과 통계-비교, 같은 것 짝 짓기	의사소통하기-느낌 표현 연계하기-상호 연관성 인식	108
1-14. 나뭇잎(열매) 보물 찾기	공간과 도형-위치, 방향 탐색	추론 및 증명하기-추측 및 조사 의사소통하기-수학적 사고 표현	110

놀이 1-1. 소리와 움직임!

- 수학적 지식 : 수 감각–비교
- 수학적 과정 기술 : 추론 및 증명하기–수학적 추측
  표상하기–내적 사고 표현

목표
- 위치와 방향에 따른 나뭇잎의 모양, 움직임을 탐색한다.
- 장난감에서 나뭇잎을 찾아낼 수 있다.

자료 주변의 풀, 어른의 키 높이 나무

놀이 방법

1. 유아를 안고 주변의 풀이나 나뭇가지를 살펴본다.
   – "아가야, 이게 무엇일까?"

2. 유아를 안은 채 손이나 발로 풀잎(또는 나뭇가지)을 살짝 건드리고 그때의 풀잎(나뭇가지)의 움직임을 관찰한다.
   – "어떻게 됐지? 잎들이 흔들리네. 움직이네."

❸ "나뭇잎 안녕!"이라고 말하면서 유아의 신체부위(어깨, 엉덩이 등)로 나뭇잎을 살짝 건드리고 이때 나뭇잎이 움직이는 것을 관찰하는데, 이것을 3~4회 반복한다.

❹ 다른 크기와 종류의 나무를 몸으로 부딪쳐 보며, 나뭇잎의 움직임을 느낀다.

❺ 큰 나뭇잎을 모빌로 달아 누워서 쉴 때 바라본다.

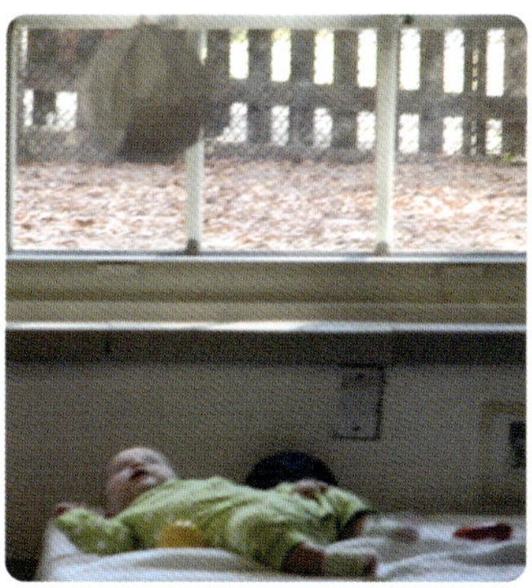

Tip

- 유아의 시선이 가는 곳에 나뭇잎을 붙여 두거나 매달아 놓아 나뭇잎에 대한 호기심을 유발한다.
- 햇빛과 그늘에서 나뭇잎을 위, 아래, 앞, 뒤로 방향을 바꾸어 바라보며, 몸에 부딪쳤을 때의 흔들림과 모양을 비교한다.

놀이 1-2. 가까이 멀리

- 수학적 지식 : 공간과 도형-거리, 모양
- 수학적 과정 기술 : 추론 및 증명하기-관계와 규칙성 파악

목표
- 나뭇잎(또는 솔방울)을 가까이서 보았을 때와 멀리서 보았을 때의 차이를 탐색한다.
- 나뭇잎(또는 솔방울)을 여러 각도로 살펴보고 바닥에 치며 특징을 알아낸다.

자료 크고 작은 나뭇잎(또는 솔방울) 각각 2개씩

놀이 방법

❶ 유아를 안거나 보행기(또는 유모차)에 앉히고 크기가 큰 나뭇잎(또는 솔방울) 1개를 먼저 가까이 보여준 후, 멀리 보여 준다.

- "아가야, 이게 뭘까?"

❷ 가까이에 나뭇잎(또는 솔방울)을 보여 주며 '가까이' 라고 말하고, 30cm 정도 거리를 두고 보여 주며 '멀리' 라고 말하며 두 번 반복한다.

❸ 유아의 손에 나뭇잎(또는 솔방울)을 쥐어 준 뒤, 그 손을 엄마가 감싸 안고 '가까이', '멀리' 움직여 본다.

❹ 작은 크기의 나뭇잎(또는 솔방울)을 ❶, ❷, ❸처럼 함께 탐색한다.

❺ 두 개의 나뭇잎(또는 솔방울)을 유아 손에 쥐어 주고 스스로 비교, 탐색하게 한다.

Tip

✽ 같은 종류의 나뭇잎을 사용하여 '크기'라는 한 가지 속성에 관심을 가지고, 거리에 따른 차이점에 집중할 수 있게 하는 것이 1세 이하 유아의 흥미 유발에 더 좋다.

✽ 사용한 나뭇잎(또는 솔방울)은 코팅해서 벽에 붙여 두거나 모빌로 달아 주거나 또는 장난감 바구니에 넣어 두어 크기를 비교하는 시각 자료로 사용한다.

놀이 1-3. 나뭇잎 부채

- 수학적 지식 : 수 감각-구분(같다, 다르다)
  측정-바람의 세기
- 수학적 과정 기술 : 의사소통하기-수학적 상황에 대해 반응

목표
- 나뭇잎의 촉감, 냄새를 탐색한다.
- 나뭇잎을 흔들며 바람의 세기를 느끼고 반응한다.

자료 같은 종류의 나뭇잎 3개, 장난감

놀이 방법

1. 유아를 안거나 보행기(또는 유모차)에 앉히고 나뭇잎이나 나뭇가지로 바람을 일으킨다.
   - "자, 나뭇잎 바람이 부네. 어때?"

❷ 유아가 바람을 느껴 눈을 감거나 어떤 신체적 · 언어적 반응을 하는지 관찰하며 바람의 세기를 세게, 약하게 바꾼다.

- "무슨 냄새가 날까? 센 바람, 약한 바람…."

❸ 나뭇잎을 유아가 손에 쥐고 흔들어 보게 한다.

- "자, 네가 해봐."
- "이렇게, 이렇게 흔들어 보자."

❹ 유아가 관심을 가지고 따라 하면 칭찬해 준다.

- "옳지 잘하는구나. 나뭇잎 부채."

Tip

✽ 어른의 손보다 큰 나뭇잎 한 장이나 여러 장의 나뭇잎이 달린 나뭇가지를 사용하여 바람의 차이를 느껴 볼 수 있다.

놀이 1-4. 나뭇잎(솔방울) 안녕!

- 수학적 지식 : 수 감각–구분, 비교
- 수학적 과정 기술 : 문제해결하기–참여, 탐색

목표
- 나뭇잎(솔방울)의 촉감, 냄새, 모양을 탐색한다.
- 장난감에서 나뭇잎(솔방울)을 찾아낼 수 있다.

자료 나뭇잎과 솔방울 10개, 장난감 5개

놀이 방법

1. 유아를 안거나 보행기에 앉히고 다른 장난감과 함께 나뭇잎과 솔방울을 보여 준다.
   – "아가야, 이게 뭘까?"

2. 나뭇잎을 유아의 코 가까이에 대어 냄새를 맡아 본다.
   – "무슨 냄새가 나는지 맡아 보자."

3. 손으로 만져 본다.

- “자, 어떤 느낌이 드는지 만져 봐.”
- “옳지, 흔들어 보자. 던져 보자.”

❹ 다른 장난감들(예: 블록, 과일 모형, 미니 인형 등)과 나뭇잎(솔방울) 1개를 같이 만져 본다.

- “여기서 나뭇잎은 어떤 거지? 그렇구나. 나뭇잎은 인형, 블록과 달라요.”

Tip

✻ 유아가 잘 쳐다보는 벽에 같은 종류의 나뭇잎 3개를 붙여 놓거나, 눈 높이(30cm) 거리의 천정에 모빌로 매달아 두어 배경과 사물을 구분하며 눈의 초점을 맞추는 시각 훈련 자료로 사용하면 좋다.

놀이 1-5. 나뭇잎 잡기

- 수학적 지식 : 수 감각-비교
- 수학적 과정 기술 : 연계하기-상호 연관성 이해

목표
- 크고 작은 나뭇잎을 탐색한다.
- 나뭇잎을 잡고 떨어뜨리거나 바닥에 치며 특징을 알아낸다.

자료 크고 작은 솔방울(또는) 나뭇잎 2개

놀이 방법

1. 유아를 안거나 보행기(또는 유모차)에 앉히고 나뭇잎 하나를 제시하고 탐색한다.
   - "아가야, 이게 뭘까?"
2. 다른 나뭇잎을 탐색한다.
   - "큰 것, 작은 것."
   - "손으로 쥐었구나."

③ 나뭇잎들을 위에서 떨어뜨리며 탐색하게 한다.

– "이것은 무엇일까? 어떻게 되지?"

④ 나뭇잎을 손으로 찢어 본다.

– "어? 어떻게 될까? 소리가 나네."

⑤ 나뭇잎을 몸이나 책상, 바닥에 쳐 보거나 손으로 흩으며 탐색한다.

Tip

✱ 나뭇잎을 손으로 잡고 다른 사물과의 차이를 탐색하는 과정에서 만 2세 영아들은 입으로 가져가는 구강기(Oral Period)의 특성을 보이므로 유의한다.

✱ 휴지곽에서 휴지를 계속 뽑는 것을 즐기듯이 나뭇잎을 반복해서 찢기도 하는데 이는 스스로 사물을 조절해 보는 경험으로 자신감과 유능감을 키우는 데 도움이 된다.

놀이 1-6. 나뭇잎 까~꿍

- 수학적 지식 : 확률과 통계–전체와 부분
  공간과 도형–모양
- 수학적 과정 기술 : 추론 및 증명하기–관계와 규칙성 파악

목표
- 나뭇잎의 촉감, 냄새, 모양을 탐색한다.
- 사물의 시각적 영속성을 경험한다.

자료 유아 얼굴 크기의 커다란 나뭇잎 1장

놀이 방법

❶ 유아를 안거나 보행기(또는 유모차)에 앉히고 커다란 나뭇잎 1개를 보여 준다.
– "아가야, 이게 뭘까?"

❷ 나뭇잎으로 유아의 시야를 가렸다 보여 주며 "까꿍" 하고 2~3회 반복한다.

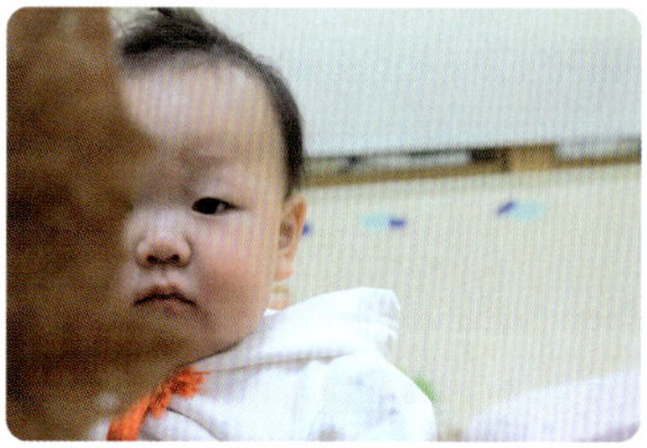

③ 나뭇잎으로 교사의 얼굴을 가렸다 보여 주며 "까꿍" 하는 놀이를 2~3회 반복한다.

- (교사의 얼굴을 가렸던 나뭇잎을 머리 위로 옮기고 교사 얼굴을 보여 주며) "까꿍!"
- (나뭇잎을 아래로, 오른쪽, 왼쪽으로 옮기는 방향을 바꾸며) "까꿍!"

④ 나뭇잎으로 얼굴을 가렸을 때와 얼굴을 보여 줄 때 3~5초 정도 정지하여 유아가 차이점에 대해 생각할 시간을 주도록 한다.

⑤ 유아의 손에 나뭇잎을 쥐어 주고, 나뭇잎 가까이에 교사의 얼굴을 갖다 대며 "까꿍"을 2~3회 반복한다.

Tip

- 까꿍 놀이는 사물이 눈앞에 있다가 가리어져 보이지 않을 뿐 그것이 없어지진 않는다는 '사물의 시각적 영속성'을 경험할 수 있는 놀이이다.
- 먼저, 교사가 나뭇잎으로 자신의 얼굴을 가렸다가 보여 주기, 헝겊으로 나뭇잎을 가렸다가 보여 주기, 교사가 유아의 얼굴을 나뭇잎으로 가렸다가 보여 주기, 유아가 나뭇잎으로 자신의 얼굴 가렸다가 보여 주기 등으로 전개할 수 있다.

놀이 1-7. 뿌리기(흩기)와 담기

- 수학적 지식 : 측정–많고 적음
- 수학적 과정 기술 : 문제해결하기–참여, 상황 해결

목표
- 나뭇잎의 촉감과 성질을 탐색한다.
- 대·소근육 및 눈과 손을 협응하여 문제를 해결한다.

자료 여러 가지 종류의 나뭇잎 20장

놀이 방법

❶ 바닥에 앉아 있는 유아에게 투명 용기에 담긴 나뭇잎을 제시하고 함께 탐색한다.

– "이게 뭘까? 나뭇잎."

❷ 나뭇잎을 손으로 만져 보고, 찢거나, 흩거나, 바닥에 던지며 논다.

– "나뭇잎을 두 손으로 흩어 보자."

– "나뭇잎을 위에서 아래로 떨어뜨리자. 어떻게 되니?"

– "나뭇잎을 모았다가 흩었다, 모았다 흩었다 해 보자."

– "나뭇잎을 찢어 보자. 어떤 소리가 나니? 모양이 어떻게 됐어? 기분이 어때?"

❸ 흩어진 나뭇잎을 손으로 주워 용기에 다시 담는다.

– "이제 나뭇잎을 여기에 담자."

– "나뭇잎은 어떤 느낌이었니?"

❹ 부서진 나뭇잎은 쓰레기통에 버리고 정리한다.

Tip

✲ 촉감 탐색을 위해 나뭇잎과 함께 플라스틱 꽃이나 털실, 종이, 헝겊, 테이프, 끈 등을 제시하면 좋다. 입에 넣지 않도록 유의한다.

놀이 1-8. 손가락 느낌!

- 수학적 지식 : 공간과 도형-모양 탐색
- 수학적 과정 기술 : 표상하기-내적 사고 표현

목표
- 나뭇잎의 촉감과 모양을 탐색한다.
- 식물에 달려 있는 나뭇잎은 보기만 하는 것이라는 것을 안다.

자료 나무(또는 집 안의 화초)에 달린 나뭇잎들

놀이 방법

❶ 유아를 안고 실내의 화초 또는 실외의 나뭇잎을 살펴본다.

– "이것은 무엇일까?"

❷ 유아의 손을 감싸쥐고 나뭇잎에 손을 대어 본다.

– "이런 느낌이네."

❸ 다른 나뭇잎으로 옮겨서 손으로 만져 본다.

– "이것은 이런 것이네. 길고, 매끈하고…."

④ 나뭇잎의 모양을 유아의 검지 손가락으로(교사의 손으로 감싸) 따라 그려 본다.

– "이렇게 생겼구나!"

⑤ 다른 나무(또는 화초)의 나뭇잎 모양을 계속 탐색한다.

Tip

✽ 유아가 알아듣지 못하더라도, 교사가 언어로 상황에 대해 진술해 주는 것은 중요하다. 1세 이하에게는 정확한 발음으로 2~3개 단어로 된 단순한 문장을 사용하면 좋다.

놀이 1-9. 나뭇잎 방석

- 수학적 지식 : 수 감각-비교
- 수학적 과정 기술 : 문제해결하기-참여, 탐색
  연계하기-상호 연관성 이해

목표
- 나뭇잎의 촉감을 구분할 수 있다.
- 몸을 움직이며 사물을 탐색한다.

자료 낙엽을 넣은 비닐 방석, 헝겊 매트, 딱딱한 의자

놀이 방법

1. 낙엽이 수북이 쌓인 장소에 가서 유아가 걷거나 앉아 보게 한다.
   - "나뭇잎, 나뭇잎에 앉았어요."
   - "나뭇잎 위로 걸어요. 푹신푹신…"
2. 근처의 평지나 의자, 또는 딱딱한 바닥에 앉거나 그 위를 서고, 걸으며 낙엽 위와 어떠한지 비교해 본다.
   - "나무, 나무에 앉았어요. 딱딱해요."

❸ 낙엽 위에 비닐 매트를 깔고, 매트와 낙엽 위를 번갈아 걷는다.

- "이쪽으로 걸어 보자. 어떤 소리가 나? 느낌이 어때?"
- (매트 위나 낙엽 길로 바꾸어) "그럼 이번엔 이쪽으로 걷자. 아까와 어떠니? 어떤 소리가 나? 기분이 어때?"

❹ 실내에서는 낙엽을 넣은 비닐 방석과 헝겊 매트, 마룻바닥에 각각 번갈아 앉으며 느낌을 비교한다.

- "낙엽 방석에 앉아 보자. 어때?"
- "이불이나 마룻바닥에 앉으니 어때? 어떤 것이 가장 딱딱(푹신)해?"
- "어떤 곳에 앉을까?"

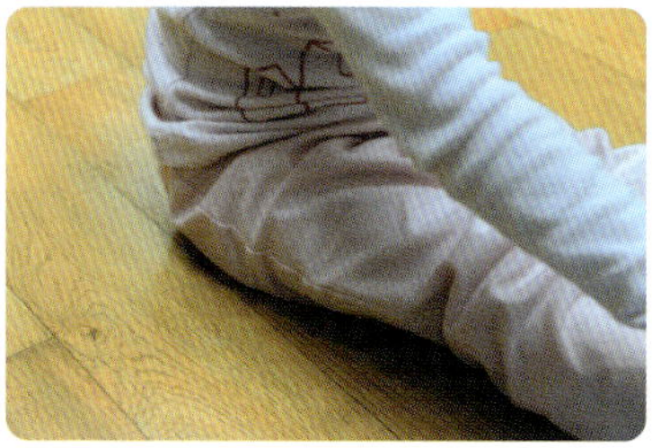

Tip

✽ 색과 모양이 다른 여러 종류의 나뭇잎을 모아 투명 비닐에 넣어 유아용 방석이나 매트를 만들어 실내놀이 도구 및 쿠션, 깔개 등으로 활용하면 좋다.

놀이 1-10. 같은 것끼리

- 수학적 지식 : 수 감각-비교, 일대일 대응
- 수학적 과정 기술 : 문제해결하기-탐색
  연계하기-상호 연관성 이해

목표
- 나뭇잎의 촉감, 냄새, 모양을 탐색한다.
- 사물의 관계를 파악하여 같은 것을 찾을 수 있다.

자료 색과 모양이 다른 나뭇잎 3종류 각각 3개(총 9개), 접시 3개

놀이 방법

❶ 색과 모양이 다른 나뭇잎 3개를 책상 위에 펼쳐 놓고 살펴본다.
- "이것은 무엇일까?"

❷ 제시한 나뭇잎과 같은 것을 3개의 간식 접시에 각각 붙여서 제시한다.
- "어떤 나뭇잎이 있는지 잘 보자."
- "이것은 여기에, 이것은 여기에, 이것은 여기에 담았어."

③ 간식 접시에 붙어 있는 것과 같은 나뭇잎을 찾아 접시 위에 올려놓게 한다.
- "이 나뭇잎과 같은 것을 찾아 여기에 담자."

④ 같은 것을 찾은 유아에게 박수를 보내며, 나뭇잎의 색과 모양에 대해 이야기 한다.
- "왜 그렇게 했니? 색깔은? 모양은? 빨간색이고 이렇게 생겨서 똑같구나."

Tip

* 색과 모양이 같은 종류의 나뭇잎을 주워 한 종류만 찾아서 바구니에 담아 보게 한다. (예를 들어 여러 종류의 나뭇잎 중에서 감나무 잎만 골라 내어 담음)

놀이 1-11. 둥근 잎과 뾰족한 잎

- 수학적 지식 : 공간과 도형-모양 구분
- 수학적 과정 기술 : 문제해결하기-적절한 전략 선택, 적용
  의사소통하기-수학적 어휘 사용

목표
- 나뭇잎의 촉감, 모양을 탐색한다.
- 사물의 특징을 나타내는 언어에 반응한다.

자료 모양과 촉감이 다른(활엽수와 침엽수 등) 유아 키 높이의 나무들

놀이 방법

❶ 주변을 산책하며 유아 눈높이에 있는 모양과 촉감이 다른 나무들을 살펴본다.

❷ 함께 손으로 만지며 나뭇잎의 모양과 촉감을 반복해서 2~3회 말한다.
- "이것은 무엇일까?"
- "동그란 잎이구나. 부드럽네. 동그랗고 부드럽다."

❸ 다른 나무의 잎을 만지며 탐색한다.

- "이것은 무엇일까?"
- "어떤 모양일까?"
- "어떤 느낌일까?"
- "이것은 뾰족하네."
- "앗 따가워라."
- "뾰족하고 따갑구나."

❹ 앞의 나뭇잎과 다른 느낌의 나무를 찾아 함께 만지며 이야기 나눈다.

- "이것은 무엇일까?"
- "느낌이 어때?"
- "이것은 잎이 기네."
- "부드러워."
- "나뭇잎이 길고 부드럽구나."

❺ 같은 종류의 나무를 발견하면 이전에 탐색한 나뭇잎을 다시 언급하며 회상해 보게 한다.

Tip

✽ 촉감과 모양이 다른 종류의 나뭇잎을 주워 실내에서 다시 비교해 보거나, 사진을 찍어 실내 화초들이 있는 벽에 붙여 두고 비교해 볼 수 있다.

놀이 1-12. 바닥에 나뭇잎 붙이기

- 수학적 지식 : 측정–크기 · 색 · 모양 비교
- 수학적 과정 기술 : 연계하기–사물의 상호 연관성 인식
  표상하기–내적 사고 표현

목표
- 나뭇잎의 크기와 색, 모양을 비교한다.
- 자기의 생각대로 나뭇잎을 붙일 수 있다.

자료 색, 크기, 모양이 다른 나뭇잎 5개, 접착 시트지를 붙여 둔 바닥

놀이 방법

❶ 색과 모양, 크기가 다른 나뭇잎들을 살펴본다.
- "이것은 무엇일까?"
- "나뭇잎이 크구나. 빨간색이네. 단풍잎~"

❷ 바닥에 부착해 둔 시트지를 손으로 탐색한다.
- "손이 어떻게 되니?"
- "끈적끈적 달라붙는구나."

❸ 나뭇잎 하나를 바닥에 부착된 시트지에 붙인다.

- "나뭇잎이 어떻게 되었니?"
- "철썩 붙었구나. 또 해 보자."

❹ 나뭇잎을 다 붙인 후 그 위에 투명 비닐을 덮어 씌운다.

❺ 유아가 바닥에 붙인 나뭇잎을 감상하게 한다.

- "여기 무엇이 있지?"
- "보기가 어때?"
- "만져 보자. 아까 ○○가 붙인 것이지?"
- "아까는 손이 쩍쩍 붙었는데, 지금은 만져도 붙지 않네. 왜 그럴까?"

Tip

✽ 벽에도 접착 시트지를 붙여서 유아가 나뭇잎을 붙이고 그 위를 투명 비닐로 씌워 두면, 유아가 수시로 이를 살펴보며 색, 모양, 크기, 숫자를 탐색할 수 있다.

놀이 1-13. 점토와 나뭇잎

- 수학적 지식 : 확률과 통계-비교, 같은 것 짝 짓기
- 수학적 과정 기술 : 의사소통하기-느낌 표현
  연계하기-상호 연관성 인식, 결합된 전체를 만들기 위해 서로 연계

목표
- 나뭇잎과 점토의 촉감, 특징을 탐색한다.
- 사물의 관계를 파악하여 같은 것을 찾아낼 수 있다.

자료 나뭇잎 3개, 밀가루점토

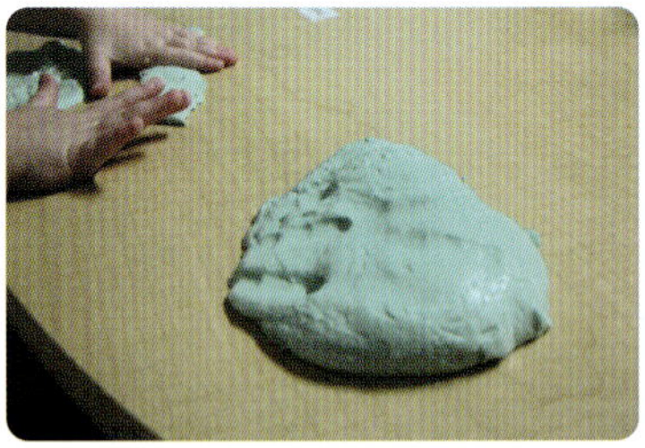

놀이 방법

1. 나뭇잎 3개를 펼쳐 놓고 탐색한다.
   - "이것이 무엇이지?"

– "만져 보니 어때? 무엇을 할까?"
– "흔들어 보자. 던져 보자. 찢어 보자."

❷ 밀가루점토를 함께 제시하고 탐색한다.
– "이것은 무엇일까?"
– "물렁물렁해?"
– "이렇게 잡아 보자. 던져 보자. 찢어 보자. 밀어 보자."

❸ 밀가루점토와 나뭇잎을 자유롭게 실컷 갖고 놀다가, 점토를 몇 개의 덩어리로 나눈다.
– "점토를 이렇게 작게 나누자. 한 개가 여러 개가 되었네."

❹ 점토 한 개에 나뭇잎 하나씩을 놓아 보게 한다.
– "여기 나뭇잎 하나에 점토 하나, 다시 나뭇잎 하나에 점토를 하나씩 주자."

❺ 점토 하나에 나뭇잎 하나씩을 짝 지은 유아에게 박수를 보내며, 점토와 나뭇잎을 다시 하나로 뭉쳤다가 여러 개로 나누어서 일대일 대응하는 놀이를 반복한다.

Tip
✲ 나뭇잎 위에 점토 올려놓기, 점토를 펼쳐 놓고 나뭇잎 올려놓기, 점토덩이에 나뭇잎 꽂기 등으로 서로 성질이 다른 점토와 나뭇잎의 차이를 비교하며 일대일 대응하는 놀이를 계속할 수 있다.

놀이 1-14. 나뭇잎(열매) 보물 찾기

- 수학적 지식 : 공간과 도형-위치, 방향 탐색
- 수학적 과정 기술 : 추론 및 증명하기-추측 만들고 조사
  의사소통하기-수학적 사고 표현

목표

- 나뭇잎의 특징을 알고 문제를 해결한다.
- 사물의 관계를 추측하고 조사할 수 있다.

자료

나뭇잎(또는 열매) 5개

놀이 방법

1. 떨어진 나뭇잎과 열매를 주워서 자세히 살펴본다.
   - "무엇일까?"

❷ 나뭇잎을 유아의 신발 위, 옷 주머니, 모자 또는 가방 안, 장난감 바구니, 통이나 상자, 돌멩이 아래 등에 숨겨 둔다.

- "자, 나뭇잎이 어디로 갈까?"
- "잘 봐."

❸ 유아에게 숨겨 둔 나뭇잎을 찾으라고 한다.

- "나뭇잎이 어디 있나? 여기에 있나?"

❹ 함께 주위를 돌며 나뭇잎을 찾은 후, 위치를 바꾸어 나뭇잎 숨기기와 찾기를 계속한다.

Tip

✽ '보물찾기' 놀이를 나뭇잎으로 대체하는 것으로, 유아에게 적절한 성취감과 도전감을 경험하게 하려면 어릴수록 가까이에 있는 찾기 쉬운 곳(예: 신발 위, 옷 소매 안, 주머니, 모자 안 등)에서부터 시작하는 것이 좋다.

2) 1~2세 수학놀이

놀이명	수학적 지식	수학적 과정 기술	쪽수
2-1. 나무 안녕!	수 감각-비교 공간과 도형-패턴 측정-높이 추정	추론 및 증명하기-관계와 규칙성 파악	114
2-2. 흩기와 모으기	측정-양의 비교 공간과 도형-모양	문제해결하기-적절한 전략 사용 연계하기-상호 연관성 이해	116
2-3. 나뭇가지 꽂기	수 감각-비교, 수 세기 규칙성-패턴 구성	문제해결하기-수학적 전략 사용 연계하기-상호 연관성 이해	118
2-4. 모래(흙) 속 나뭇잎	측정-추정	문제해결하기-적절한 전략 선택, 적용	120
2-5. 나뭇잎 따기(소꿉놀이)	수 감각-일대일 대응	연계하기-상호 연관성 이해 표상하기-표상 만들고 사용	122
2-6. 나뭇잎 목욕시키기	수 감각-비교	연계하기-상호 연관성 이해	124
2-7. 나뭇잎 얼굴	수 감각-부분과 전체 공간과 도형-모양	추론 및 증명하기-추측 만들고 조사	126
2-8. 깃털에서 나뭇잎 찾아내기	수 감각-비교 확률과 통계-분류	문제해결하기-전략 선택 및 사용 연계하기-상호 연관성 이해	128
2-9. 알록달록	공간과 도형-패턴 구성	표상하기-내적 사고 표현	130
2-10. 나뭇잎 기차	수 감각-5 이상의 큰 수 규칙성-무작위 배열	연계하기-전체를 만들기 위한 연결 표상하기-실물로 내적 사고 표현	132
2-11. 『나뭇잎 아저씨』 그림책과 산책	공간과 도형-모양 구별, 이름과 특징	연계하기-그림과 실물의 연관성 인식 의사소통하기-들으며 자기 생각 표현	134
2-12. 열매 케이크	수 감각-일대일 대응, 수 세기	연계하기-상호 연관성 인식 표상하기-표상 만들고 사용	136

놀이명	수학적 지식	수학적 과정 기술	쪽수
2-13. 솔방울로 모양 만들기	공간과 도형-모양 탐색 및 구성 확률과 통계-전체와 부분	의사소통하기-수학적 아이디어 표현 표상하기-표상 만들고 사용	138
2-14. 나뭇잎 자국	규칙성-규칙적 배열	문제해결하기-해결 전략 선택 및 사용 연계하기-사물의 상호 연관성 인식	140
2-15. '나뭇잎, 땡'	규칙성-임의 규칙 만들기	의사소통하기-수학적 아이디어 표현 추론 및 증명하기-관계와 규칙성 파악, 조사	142
2-16. 『나뭇잎이 달아나요』 신체표현	수 감각-전체와 부분, 큰 수	연계하기-그림과 실물의 연관성 인식 표상하기-자신의 생각을 몸으로 표현	144

놀이 2-1. 나무 안녕!

- 수학적 지식 : 수 감각–비교
  공간과 도형–패턴
  측정–높이 추정
- 수학적 과정 기술 : 추론 및 증명하기–관계와 규칙성 파악

목표
- 나무의 크기와 촉감, 껍질의 패턴을 비교한다.
- 사물의 관계를 파악하고 규칙성을 찾아낼 수 있다.

자료 크기와 굵기가 다른 나무

놀이 방법

❶ 크기와 굵기가 다른 나무들을 찾아 기대어 본다.
- "여기 나무에 기대자."
- "기분이 어때?"

❷ 손으로 나무 기둥의 껍질을 만져 본다.
- "나무를 만져 보자. 느낌이 어때? 다른 나무도 만져 보자."

❸ 다른 나무에게 가서 껍질을 만져 보고, 기대어 본다.
- "아까 나무와 어때? 딱딱해? 편안해?"
- "껍질은 만지니까 어때? 울퉁불퉁해? 매끈해? 거칠어?"
- "냄새도 맡아 보자. 어때?"

❹ 나무의 키가 얼마나 큰지 아래에서 위를 올려다본다.
- "나무 위를 쳐다보자. 와, 이렇게 큰 나무구나."
- "위에서 아래로 쳐다보자. 아래는 이렇게 생겼구나!"

❺ 나무를 손으로 만지거나, 두드리거나, 껴안으면서 느낌을 말해 본다.
- "어때? 단단해? 부드러워? 좋아?"

Tip

✲ 큰 나무에 기대어 자리를 잡고 앉아 책을 보여 주거나, 유아들이 좋아하는 인형을 함께 갖다 놓아 나무에 자연스럽게 관심을 갖도록 할 수 있다.

놀이 2-2. 흩기와 모으기

- 수학적 지식 : 측정-양의 비교
  공간과 도형-모양
- 수학적 과정 기술 : 문제해결하기-적절한 전략 사용
  연계하기-상호 연관성 이해

목표
- 쌓여 있는 나뭇잎을 흩거나 쓸며 상태 변화를 탐색한다.
- 자신의 움직임과 사물의 관계를 파악하고 문제를 해결할 수 있다.

자료 낙엽 쌓인 곳, 떨어진 나뭇가지, 갈퀴 또는 빗자루

놀이 방법

❶ 낙엽이 쌓인 곳으로 유아와 함께 간다.

❷ 나뭇잎을 발로 쳐서 날려 본다.
- "나뭇잎이 움직이네. 와, 나뭇잎이 난다."
- "여기는 나뭇잎이 없어져서 땅이 보여. 이쪽 나뭇잎도 움직여 보자."

❸ 떨어져 있는 나뭇가지를 주워 그것으로 낙엽을 쳐 본다.

- "어떤 소리가 들려?"
- "나뭇잎이 어떻게 되고 있어?"

❹ 앉아서 손으로 낙엽을 휘저어 본다.

- "이렇게도 할 수 있네. 손으로 저으니 나뭇잎이 움직이네."

❺ 갈퀴 등을 사용하여 낙엽을 쓸어 모아 본다.

- "이것을 이용해 보자. 어떻게 되니?"

Tip

✲ 낙엽 위에서 자유롭게 탐색하는 것을 쳐다만 보고 있는 것과 유아와 함께 상호작용하는 것은 다르다. 교사나 부모는 유아의 생각하는 힘을 키워 주기 위해 언어로 "밟아 보자, 만져 보자, 쳐 보자, 흩어 보자, 쓸어 보자, 냄새 맡아 보자 등"과 같이 계속 상호작용해 주는 것이 좋다.

놀이 2-3. 나뭇가지 꽂기

- 수학적 지식 : 수 감각–비교, 수 세기
  규칙성–패턴 구성
- 수학적 과정 기술 : 문제해결하기–수학적 전략 사용
  연계하기–상호 연관성 이해

목표

- 나뭇가지에 적당한 힘을 가하여 모래에 꽂을 수 있다.
- 자신의 생각대로 패턴을 구성하며 문제를 해결한다.

자료

크고 작은 나뭇가지 10개, 모래 또는 흙

놀이 방법

❶ 크기가 다양한 나뭇가지를 주워 모은다.

– "나뭇가지를 줍자."

– "큰 것, 작은 것, 긴 것, 짧은 것, 굵은 것, 가는 것… 나뭇가지를 찾자."

❷ 모래 위에 앉아 나뭇가지를 꽂는다.

– "이렇게 꽂아 볼까?"

– "어때? 너도 해 볼래?"

❸ 유아의 생각대로 나뭇가지를 꽂아 보게 하고, 하나를 꽂을 때마다 칭찬해 준다.

- "큰 것도 꽂았구나. 박수!"

❹ 계속해서 꽂은 나뭇가지를 모래에서 빼 보고, 다시 꽂아 본다.

❺ 나뭇가지로 그림을 그리거나, 꽂아 둔 나뭇가지에 대해 설명해 보게 한다.

- "무엇을 그린 거니?"
- "무슨 생각을 해? 무엇을 나타낸 거야?"

Tip

✲ 나뭇가지와 함께 떨어진 나뭇잎, 열매 등을 주워 모래에 함께 세워 보며 모양과 특징을 비교하게 하여도 좋다.

놀이 2-4. 모래(흙) 속 나뭇잎

- 수학적 지식 : 측정–추정
- 수학적 과정 기술 : 문제해결하기–적절한 전략 선택, 적용

목표
- 나뭇잎이 모래 속에 숨겨져 있다는 사실을 이해한다.
- 적절한 전략을 사용하여 문제를 해결한다.

자료 색과 모양이 다른 나뭇잎 5개, 모래

놀이 방법

1. 모래 위에 앉아 노는 유아에게 색과 모양이 다른 나뭇잎 5개를 보여 준다.
   - "나뭇잎이 있어요."
2. 나뭇잎 하나를 모래 속에 파묻었다 다시 꺼내 보여 준다.
   - "어디에 숨을까? 여기에 있네!"
3. 다섯 개의 나뭇잎을 유아가 보는 데서 모래 속에 파묻는다.
   - "나뭇잎이 어디에 있니?"

❹ 유아가 나뭇잎을 찾아내면 다른 곳이나, 더 깊게 숨기고 다시 찾아내게 한다.

❺ 유아가 나뭇잎을 모래 속에 숨기고 다른 사람이 찾는다.

Tip

- 유아가 눈앞에 보이는 사물이 다른 사물에 의해 가려지거나, 공간을 이동하여도 계속 존재함을 인지하는 '대상 영속성' 은 친숙한 사람과 떨어지기를 두려워하는 격리불안과도 관련이 있다.
- 엄마와의 까꿍놀이나 물건 가리기, 숨기기 놀이는 사물이 눈앞에 보이지 않아도 어딘가에 있을 것이라는 '대상 영속성' 을 형성하여 유아의 안정감과 탐색하는 태도를 키울 수 있다.

놀이 2-5. 나뭇잎 따기(소꿉놀이)

- 수학적 지식 : 수 감각-일대일 대응
- 수학적 과정 기술 : 연계하기-상호 연관성 이해
  표상하기-표상 만들고 사용

목표
- 나뭇잎과 열매를 일대일 대응할 수 있다.
- 사물의 관계를 파악하여 문제를 해결한다.

자료 떨어진 열매(또는 나뭇잎) 10개

놀이 방법

1. 떨어진 나뭇잎과 열매를 주워 바닥에 펼친다.
   - "여기에 무엇이 있지?"
   - "무엇을 할 수 있을까?"

❷ 열매를 하나씩 나뭇잎 위에 올려놓는다.

– "무엇 같아? 먹는 것?"

❸ 열매를 나뭇잎 위에서 제거한다.

– "자, 열매를 옮기고 이번엔 ○○가 해 봤으면 좋겠다."

❹ 위치를 바꾸어 나뭇잎 '옆'에 열매 하나씩을 놓거나, 나뭇잎 '위'에 열매 하나씩을 놓아 본다.

❹ 과자 용기나 계란 보관 용기에 열매나 나뭇잎을 하나씩 담아 본다.

Tip

- 나뭇잎을 보며 유아의 머릿속에 유사한 사물과 연결하는 상징적 사고가 일어나도록 질문하는 것은 중요하다(예: "무엇 같아? 어떻게 한 거니?").
- 놀이를 하면서 다른 상황을 제시하여(위에, 옆에 놓기 등) 유아가 나름대로의 규칙을 발견하며 문제를 해결하도록 한다.

놀이 2-6. 나뭇잎 목욕시키기

- 수학적 지식 : 수 감각-비교
- 수학적 과정 기술 : 연계하기-상호 연관성 이해

목표
- 물에 젖은 나뭇잎의 촉감을 비교한다.
- 사물의 특성과 관계에 관심을 가진다.

자료 색과 모양이 각각 다른 나뭇잎 3개, 세면대 또는 목욕통, 수건

놀이 방법

1. 색과 모양이 다른 나뭇잎 3개를 세면대의 흐르는 물에 씻어 본다.
   - "손을 씻으며 나뭇잎도 씻어 주자. 앞과 뒤를 물에 깨끗이 닦자."
   - "물에 닦으니 나뭇잎이 어떻게 되었니?"

❷ 나뭇잎을 흔들어 물기를 제거하고, 탁자 위에 펼쳐진 수건에 물기를 닦는다.

- "젖은 나뭇잎을 닦아 주자. 어떻게 되었니?"
- "깨끗해졌어요. 예뻐요."

❸ 깨끗해진 나뭇잎을 두꺼운 책 속에 넣어 눌러 두고, 시간이 흐른 후 변화된 모습을 살펴본다.

❹ 유아가 목욕할 때 나뭇잎을 넣어 주고, 물에 띄워 보거나 가상놀이를 할 수 있다.

Tip

✻ 실내·외 물놀이대에 나뭇잎을 띄워 나뭇잎과 물의 성질에 대해 탐색할 수 있다.

놀이 2-7. 나뭇잎 얼굴

- 수학적 지식 : 수 감각–부분과 전체
  공간과 도형–모양
- 수학적 과정 기술 : 추론 및 증명하기–추측 만들고 조사

목표
- 나뭇잎에 구멍을 뚫어 모양과 사물과의 관계를 탐색한다.
- 사물의 관계를 추측하고 조사할 수 있다.

자료 얼굴 크기의 나뭇잎 2장

놀이 방법

1 색과 모양이 다른 얼굴 크기의 나뭇잎 2개를 제시하고 살펴본다.

– "이것은 무엇일까?"

– "이것으로 무엇을 할까?"

❷ 하나의 나뭇잎에 구멍을 뚫어 그 사이로 사물을 바라본다.

– "무엇이 보이니?"

❸ 다른 나뭇잎에 아까와는 다른 위치와 크기의 구멍을 뚫어 그 사이로 사물을 살펴본다.

– "자, 이것을 보자. 어떻게 보이니?"

– "이것과 이것을 바꾸어 가며 쳐다보자. 무엇이 다르니?"

❹ 유아가 직접 나뭇잎을 주워 구멍을 뚫고 들려다보는 놀이를 계속할 수 있다.

Tip

✻ 색과 모양, 크기가 다른 종류의 나뭇잎에 구멍을 뚫고 고무줄을 달아 안경을 만들거나, 연상되는 동물 이름을 부르며 가상놀이를 할 수 있다.

놀이 2-8. 깃털에서 나뭇잎 찾아내기

- 수학적 지식 : 수 감각–비교
  확률과 통계–분류
- 수학적 과정 기술 : 문제해결하기–전략 선택 및 사용
  연계하기–상호 연관성 이해

목표
- 나뭇잎과 깃털의 차이를 파악하고 구분한다.
- 문제를 해결하기 위해 눈과 손을 협응할 수 있다.

자료 여러 가지 색깔의 인조 깃털과 나뭇잎 50개, 놀이 테이블

놀이 방법

❶ 놀이 테이블에 색과 모양이 비슷한 인조 깃털과 나뭇잎을 넣고 섞어 둔다.
–"여기에 무엇이 있을까?"

❷ 그 속에서 나뭇잎만 찾아낸다.
–"나뭇잎을 찾아보자."

❸ 나뭇잎을 찾아낸 유아들에게 칭찬해 준다.

–"어떻게 알았어? 잘했어!"

④ 찾아낸 나뭇잎과 테이블 안에 있는 깃털의 차이를 탐색한다.

- "나뭇잎을 문질러 보자. 느낌이 어때? 깃털을 만졌을 때 느낌은?"
- "나뭇잎과 깃털을 위로 던져 보자. 어떠니? 계속해서 날려 보자. 테이블 밖으로 떨어지지 않게, 안으로만."
- "깃털을 구겨 보자. 어떻게 되었니? 이제는 나뭇잎을 구겨 보자. 어떻게 됐어? 똑같아? 무엇이 달라?"

⑤ 테이블 안의 나뭇잎을 찾아내고 다시 섞으며 놀이한다.

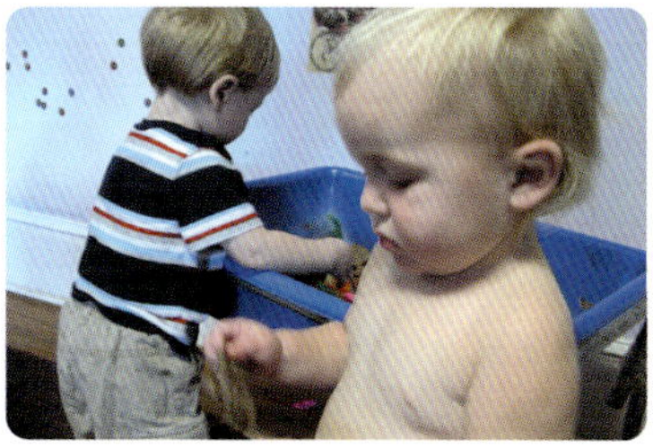

Tip

✻ 문지르거나 접어도 부서지지 않게 두꺼운 나뭇잎을 사용하여, 깃털과 함께 시간의 흐름에 따른 변화 모습을 관찰하게 한다.

✻ 인조 깃털과 함께 색 헝겊 테이프나 뻥뻥이 등을 첨가해 넣어 주어 각각의 재료를 체감할 수 있게 한다.

놀이 2-9. 알록달록

- 수학적 지식 : 공간과 도형-패턴 구성
- 수학적 과정 기술 : 표상하기-내적 사고 표현

목표
- 여러 가지 나뭇잎을 자기의 생각대로 붙일 수 있다.
- 나뭇잎이 겹쳐지면 붙지 않는다는 것을 알 수 있다.

자료 여러 가지 낙엽, 접착 시트지(16절 크기), 8절 색상지, 본드, 흙, 나뭇가지, 보슬이, 눈알 등

놀이 방법

❶ 주워 온 나뭇잎을 용기에 담아 제시한다.

❷ 접착 시트지를 보여 주며 손을 대어 보게 하여, 붙는 성질이 있다는 것을 탐색한다.
- "○○야, 이것이 무엇일까? 손을 대 보자."
- "손이 붙어요. 쩍쩍."

❸ 유아가 나뭇잎을 하나씩 선택하여 접착 시트지에 붙인다.

❹ 나뭇잎이 겹칠 경우, 어떻게 되는지를 알아본다(시트지를 세워서, 나뭇잎이 떨어지는 모습을 보여 준다).
- "나뭇잎 위에 나뭇잎을 또 붙이면, 이렇게 돼요."
- "겹쳐서 붙이려면 무엇이 필요할까? 본드를 사용하자."

❺ 유아가 다 붙이면 시트지에 도화지(또는 색지)를 붙여 벽에 전시하고 칭찬해 준다.

❻ 나뭇잎 외에 흙, 나뭇가지, 보슬이, 눈알 등도 함께 붙이며 질감을 비교해 본다.

Tip

* 유아의 놀이 과정이 나타난 결과물은 곧 유아 자신이기 때문에 유아 눈높이에 맞추어 전시하여 자신감을 북돋우며, 지난 과정을 기억하고, 새로운 창작을 자극하는 실마리로 사용하면 좋다.

놀이 2-10. 나뭇잎 기차

- 수학적 지식 : 수 감각–5 이상의 큰 수
  규칙성–무작위 배열
- 수학적 과정 기술 : 연계하기–전체를 만들기 위한 연결
  표상하기–실물로 내적 사고 표현

목표
- 5개 이상의 나뭇잎을 일렬로 배열할 수 있다.
- 나뭇잎을 배열하며 자신의 생각을 표상할 수 있다.

자료 나뭇잎 5개 이상

놀이 방법

1. 책상 또는 바닥에 앉은 유아에게 나뭇잎을 5개 이상 제시한다.
   – "이것으로 어떻게 하면 좋을까?"

❷ 일렬로 늘어놓기를 시작하며 이어서 해 보도록 한다.

– "길게, 계속 놓아 보자."

❸ 유아가 할 수 있을 때까지 계속하도록 하고, 칭찬해 준다.

– "와, 길게 길게, 나뭇잎이 많이 있어요."

❹ 어느 정도 늘어놓는지 기록해 두고, 다시 흩어서 일렬로 늘어놓도록 한다.

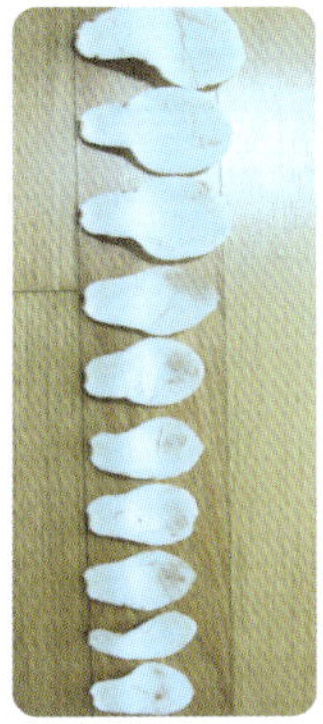

❺ 손으로 나뭇잎을 지적하며 셀 수 있는 데까지 세어 본다.

Tip

✽ 유아의 반응에 따라 지루한 과업이 되지 않도록 한다.

놀이 2-11. 『나뭇잎 아저씨』 그림책과 산책

- 수학적 지식 : 공간과 도형-모양 구별, 이름과 특징
- 수학적 과정 기술 : 연계하기-그림과 실물의 연관성 인식
  의사소통하기-들으며 자기 생각 표현

목표
- 나뭇잎에 관심을 가지고 그림과 실물을 탐색한다.
- 그림과 함께 이야기를 듣고 내용을 이해한다.

자료 그림책 『나뭇잎 아저씨』(한솔 동화나라페스티벌, 2008)

동화 내용

나뭇잎 아저씨가 바람에 휩쓸려 날아가면서 생긴 이야기이다. 나뭇잎 아저씨가 어디에 내릴지는 오직 바람만이 알고 있단다. 낙엽 더미에서 바스락거리는 소리를 들어 볼까?

놀이 방법

❶ 그림책을 유아와 함께 보며, 천천히 내용을 이야기해 준다.
- "제목은 나뭇잎 아저씨."
- "어떤 이야기인지 보자."

❷ 책을 한 번 보고 난 후, 다시 그림만 처음부터 끝까지 한 번 본다.

❸ 유아의 반응을 본 후, 흥미가 지속되면 책을 한 번 더 보며 관심 있는 부분에 대해 이야기 나눈다.
- "무엇이지?"
- "어떻게 되었어?"
- "그래서 어땠지?"

❹ 주변을 산책하며 주워 온 나뭇잎을 제시하고 같은 점과 차이점에 대해 알아본다.
- "이것은 무엇일까?"
- "어떤 점이 같지? 무엇이 달라?"

❺ 나뭇잎으로 책에 나온 모양을 구성해 본다.
- "나뭇잎이 물고기 모양이네."

Tip

✻ 책을 들고 산책하며 책에 나온 것과 비슷한 나뭇잎을 수집한다. 종이 위에 나뭇잎을 같은 모양으로 구성하여 전시하면 실내와 실외, 언어와 수학, 과학, 조형활동을 포함하는 좋은 통합 활동이 된다.

놀이 2-12. 열매 케이크

- 수학적 지식 : 수 감각-일대일 대응, 수 세기
- 수학적 과정 기술 : 연계하기-사물의 상호 연관성 인식
  표상하기-표상 만들고 사용

목표

- 열매로 가상(pretend)놀이를 하며 일대일 대응할 수 있다.
- 사물의 관계를 파악하여 문제를 해결한다.

자료

떨어진 열매(또는 나뭇잎) 10개

놀이 방법

1. 떨어진 나뭇잎과 열매를 주워 바닥에 배열하고 살펴본다.
   - "무엇일까?"
   - "무엇을 할 수 있을까?
2. 열매를 나뭇잎과 구분한다.
   - "열매만 모으자."
   - "모두 몇 개이지?"
   - "나뭇잎은 어떻게 할까?"

❸ 과자 용기나 계란 보관 용기에 열매를 하나씩 담는다.

유아의 생각을 말로 표현하게 한다.

– "왜 이렇게 했니?"

❹ 놀이 중 유아가 하는 말에 반응해 주며 열매가 가상놀이에서 무엇으로 대체되었는지를 기억해 둔다.

– "먹자. 케이크. 자."

– "초콜릿도 먹어."

Tip

- 주변에서 구할 수 있는 식물의 씨앗이나 껍질, 열매 등은 소꿉놀이, 모래놀이, 조형놀이, 블록 놀이, 조작놀이에 첨가해 줄 수 있는 좋은 놀잇감이다.
- 유아가 사용하는 데 안전하고 위생적인지에 항상 유의한다.

놀이 2-13. 솔방울로 모양 만들기

- 수학적 지식 : 공간과 도형–모양 탐색 및 구성
  확률과 통계–전체와 부분
- 수학적 과정 기술 : 의사소통하기–수학적 아이디어 표현
  표상하기–표상 만들고 사용

목표
- 솔방울로 여러 가지 모양을 구성할 수 있다.
- 자신의 생각을 적절한 언어로 표현한다.

자료
솔방울 20개

놀이 방법

1 크고 작은 솔방울을 탐색한다.
- "무엇일까?"
- "무엇을 할 수 있을까?"

2 바닥에 그려진 모양을 따라 솔방울을 올려놓는다.
- "여기에 솔방울을 놓자."
- "어떤 모양이야?"

❸ 직선, 곡선, 동그라미, 네모 모양을 따라 솔방울을 늘어놓은 후에는 유아 스스로 솔방울로 모양을 구성해 보도록 한다.
- "어떤 모양을 만들 수 있을까?"
- "네 생각대로 놓아 보자."

❹ 유아가 나타낸 모양을 말로 표현하게 하고, 계속해서 다른 모양을 구성하도록 격려한다.
- "이것은 무슨 모양이야?"
- "으음, 웅덩이라고. 그렇구나. 잘했어!"
- "그럼 다른 모양을 만들어 보자. 모자?"

❺ 사용된 솔방울의 수를 세어 본다.
- "여기에는 솔방울이 모두 몇 개 들어갔어?"

Tip

✲ 솔방울을 한 줄로 늘어놓는 것부터 시작해서 곡선 형태로 늘어놓거나 동그라미, 네모 또는 유아가 일상에서 보는 신발, 가방 등 사물의 형태를 표현하도록 한다.

✲ 유아가 모양을 구성하고 나타낼 때 솔방울을 서로 붙여서 나타낼 수도 있고, 따로 떨어뜨려서 나타낼 수도 있는데 솔방울들과의 거리와 간격의 근접, 분리의 개념과 차이에 대해 언급할 수 있다.

놀이 2-14. 나뭇잎 자국

- 수학적 지식 : 규칙성–규칙적 배열
- 수학적 과정 기술 : 문제해결하기–해결 전략 선택 및 사용
  연계하기–사물의 상호 연관성 인식

목표

- 나뭇잎의 무늬(잎맥) 배열을 탐색한다.
- 사물의 특징을 파악하여 문제를 해결할 수 있다.

자료

나뭇잎, 열매, 물뿌리개, 모래, 크레파스와 종이

놀이 방법

❶ 나뭇잎과 열매를 주워 모은 후 그 위에 물을 뿌린다.
- "나뭇잎이 어떻게 되었니?"
- "나뭇잎 무늬를 자세히 살펴보자."

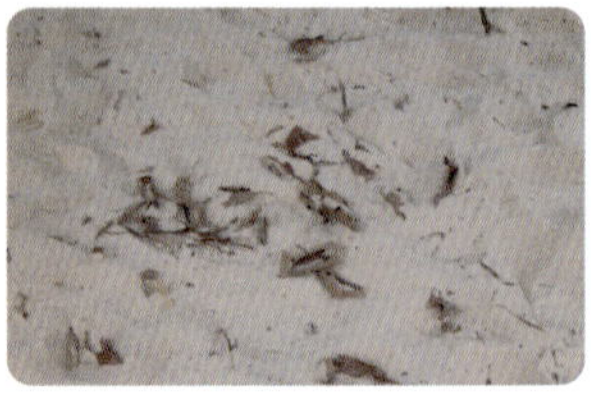

❷ 나뭇잎을 모래 위에 놓고 모래가 흥건히 젖도록 물을 부은 후 나뭇잎을 손으로 꾹꾹 눌러 준다.
- "나뭇잎을 떼어 내면 모래에 어떤 모양이 생겼을까?"

❸ 여러 개의 나뭇잎으로 모래 위의 자국을 탐색하고 비교해 본다.

- “나뭇잎에 있는 무늬와 모래 위에 찍힌 무늬가 어떠니?”
- “같은 나뭇잎을 찾아 올려놓아 보자.”

❹ 나뭇가지와 나뭇잎, 열매 등으로 젖은 모래 위에 자유롭게 모양을 구성하고 떼어내는 놀이를 계속한다.

- “다른 것들을 놓아 보자.”
- “어떤 모양이 되었는지 떼어내 보자.”

Tip

✽ 비 온 후 산책하면서 떨어진 나뭇잎과 물에 젖은 모래 또는 흙과 열매 등이 만들어 놓은 모습들을 살펴보며 사물의 관계와 패턴의 규칙성에 대해 이야기 나눌 수 있다.

✽ 아는 만큼 보이듯이, 유아들과 함께 주변을 자세히 살펴보고 이야기 나눔으로써 그 경험은 비로소 어떤 개념을 형성하는 기초가 된다.

놀이 2-15. '나뭇잎, 땡'

- 수학적 지식 : 규칙성-임의 규칙 만들기
- 수학적 과정 기술 : 의사소통하기-수학적 아이디어 표현
  추론 및 증명하기-관계와 규칙성 파악, 조사

목표

- 나뭇잎의 수를 셀 수 있다.
- 규칙을 이해하고 문제를 해결한다.

자료

여러 종류의 나뭇잎

놀이 방법

1. 여러 종류의 나뭇잎을 주워 각자 5개씩 같은 수로 나누어 갖는다.
   - "여기 무엇이 있을까?"
   - "이것으로 무엇을 할까?"

❷ '가위바위보' 로 시작할 순서를 정한다. 오른쪽으로 돌아가며 '나뭇잎, 땡' 순으로 나뭇잎을 하나씩 앞에 제출한다.

- "'나뭇잎' 에 해당하는 순서의 유아는 '나뭇잎' 이라고 말하며 한 개의 나뭇잎을 내어놓자."
- "'땡' 에 해당하는 순서의 유아는 '땡' 이라고 말하며 손뼉을 치자. 나뭇잎은 그대로 갖고 있는 거야."

❸ 게임을 하다가 나뭇잎이 먼저 없어지는 유아가 생길 때, 멈추고 각자 가지고 있는 나뭇잎의 수를 비교해 본다.

- "누가 가장 많이 가졌을까? 몇 개이지?"

❹ 앞에 제출한 나뭇잎을 다시 같은 수대로 나누어 가진 후 규칙을 바꾸어서 '땡, 나뭇잎' , '나뭇잎, 땡, 땡' 이나 '나뭇잎, 나뭇잎, 땡' 등으로 놀이를 계속하고 가진 나뭇잎의 개수를 세고 서로 비교한다.

Tip

✻ 두 사람 이상이 모여서 같은 수의 사물을 가지고, 임의의 규칙을 적용하여 사물의 수를 세고 비교하는 게임으로 '땡' 순서에서 손뼉을 치는 대신 '휘익' (바람 소리 내며 흉내 내기), 또는 깡총(토끼 귀 모양 손짓) 등으로 규칙을 바꾸면 더 재미있게 수 세기, 더하기, 빼기, 부분과 전체, 확률을 경험할 수 있다.

놀이 2-16. 『나뭇잎이 달아나요』 신체표현

- 수학적 지식 : 수 감각-전체와 부분, 큰 수
- 수학적 과정 기술 : 연계하기-그림과 실물의 연관성 인식
  표상하기-자신의 생각을 몸으로 표현

목표
- 나뭇잎에 관심을 가지고 그림과 실물을 탐색한다.
- 이야기의 내용을 이해하고 자기의 생각을 몸으로 표현할 수 있다.

자료 그림책『나뭇잎이 달아나요』(올레쾌네케 그림·글, 임정은 옮김, 시공주니어, 2008)

동화 내용

가을 숲에서 놀이 중이던 네 명의 아이들은 차례차례 바람을 타고 날아온 나뭇잎을 좇기 시작합니다. 뛰고 또 뛰고…, 다시 나무에 걸린 나뭇잎으로 인해 정적인 순간을 맞이하다가, 다시 바람에 날아가는 나뭇잎으로 인해 들판으로 놀이터로 달리는 추격전이 계속 이어집니다. 그러다가 아이들은 나뭇잎들이 수북이 쌓인 낙엽 더미에 도착하게 되고 저마다 나뭇잎을 찾게 됩니다.

놀이 방법

❶ 그림책으로 천천히 이야기를 들려준다.

– "제목은 '나뭇잎이 달아나요'"

– "나뭇잎이 달아난다고? 어떤 이야기일까?"

❷ 책을 보고 난 후, 그림만 처음부터 끝까지 말없이 한 번 더 본다.

❸ 이야기 중에 재미있었던 부분 또는 유아가 흥미를 보이는 부분에 대해 이야기 나눈다.

– "무엇이지?"

– "어떻게 되었어?"

– "그래서 어땠지?"

❹ 나뭇잎이 되어 자유롭게 신체표현을 해 보고, 왜 그렇게 움직였는지 말해 본다.

– "우리가 나뭇잎이라고 하자."

– "나뭇잎이 어떻게 달아나지?"

– "왜 그렇게 움직였니?"

❺ 나뭇잎이 떨어져 움직이는 상황을 몇 가지로 나누어—나무에 달려 있다가, 바람에 떨어져, 이리저리 달아나는— 언어적으로 상호작용해 준다.

– "나뭇잎이 나무에 매달려 있어요."

- “바람이 불어와 어떻게 됐을까?”
- “휘잉~ 바람에 나뭇잎이 떨어져요.”
- “나뭇잎이 높은 나무에서 아래로 떨어져요. 어떻게 움직이며 떨어질까?”
- “앞에서 바람이 불어왔어요. 살랑살랑~ 나뭇잎이 뒤로 밀려가네.”

- “이번엔 벽에 부딪쳤어요. 어떻게 되었을까?”
- “잠시 가만히 쉬다가 나뭇잎이 잠이 들었대요.”
- “그런데 다시 바람이 불어 나뭇잎이 위로 올라갔다가, 이번엔 옆으로 옆으로 날아갔어요.”
- “다른 나뭇잎 친구를 만났어요.”
- “나뭇잎이 친구를 몇 명이나 더 만났을까?”

– "함께 빙글빙글 돌아가다가 센 바람이 쏴~ 불고, 비가 오기 시작했어요."
– "나뭇잎은 어떻게 되었을까?"
– "친구들과 떨어져 혼자가 된 나뭇잎은 비에 젖으며 땅 위에 누웠어요."
– "비가 점점 더 세게 와서 나뭇잎은 흠뻑 젖어 있어요."
– "드디어 비가 멈추고 살랑살랑~ 부드러운 바람이 불어와요. 나뭇잎은 어떻게 될까?"
– "젖은 몸을 말리며 나뭇잎은 바람에 위로 위로 날아갔어요."
– "어, 이번엔 또 어떻게 되었을까?"
– "바람에 날아갔지? 무엇이 달라?"

⑥ 신체표현을 한 후의 느낌을 유아와 나누고 마무리한다.

Tip

✲ 역할을 나뭇잎과 바람 두 가지 역할로 나누어 신체표현활동을 하거나, 나뭇잎과 나뭇잎을 잡으러 다니는 아이의 역할로 나누어 잡기놀이를 할 수 있다.

3) 2~3세 수학놀이

놀이명	수학적 지식	수학적 과정 기술	쪽수
3-1. 나무 그늘 안과 밖	공간과 도형-안과 밖 측정-비교	의사소통하기-수학적 사고 이야기 연계하기-비형식적 수학과 형식적 수학 연계	150
3-2. 열매 줍고 관찰하기	수와 연산-수 세기, 분류	문제해결하기-탐색 연계하기-상호 연관성 이해	152
3-3. 도토리 모으기	수와 연산-구분, 수 세기, 일대일 대응	표상하기-표상 만들고 사용	154
3-4. 나뭇잎 실어 나르기	공간과 도형-거리와 방향 측정-양, 거리	의사소통하기-수학적 용어 사용 표상하기-수학적 의미를 상징으로 표현	156
3-5. 식물에 물 주기	측정-크기, 높이, 양	문제해결하기-문제해결 과정 검토, 반성적 사고 추론 및 증명하기-해결 과정과 답 정당화	158
3-6. 나뭇잎 담기	수와 연산-순서 짓기 측정-수량 비교	문제해결하기-수학적 상황 해결	160
3-7. 나뭇가지 연주	측정-소리의 크기 비교 규칙성-규칙 만들기	추론 및 증명하기-관계와 규칙성 파악 연계하기-사물과 소리의 상호 연관성 이해	162
3-8. 나뭇잎에 물감 칠하기	공간과 도형-공간 사용, 모양 인식 측정-면적 비교	문제해결하기-적절한 전략 선택, 적용 표상하기-그림 표상	164
3-9. 나뭇잎, 열매 모양 찍기	공간과 도형-모양 인식, 짝 짓기	표상하기-내적 사고 표현	166
3-10. 같은 종류로 1, 2, 3	수와 연산-분류, 수 세기, 숫자 인식	추론 및 증명하기-해결 과정과 답 정당화, 추측 만들고 조사	168
3-11. 나뭇잎은 보물	수와 연산-비교, 수 세기 확률과 통계-분류	연계하기-사물의 상호 연관성 이해 표상하기-언어, 기호로 표상	170

놀이명	수학적 지식	수학적 과정 기술	쪽수
3-12. 큰 수 세기	수와 연산-사물과 수의 일대일 대응, 큰 수 세기	추론 및 증명하기-추측 만들고 이를 증명 연계하기-사물과 수 이름의 상호 연관성 인식	172
3-13. 나뭇잎 맞히기	측정-비교, 거리와 방향 확률과 통계-사건의 수 비교	문제해결하기-해결 전략 선택 및 사용 연계하기-사물의 상호 연관성 인식	174
3-14. 『나뭇잎의 여행』 모양 구성	공간과 도형-모양 구별, 위치와 방향	의사소통하기-자신의 생각으로 반응, 수학적 어휘 사용 연계하기-그림과 실물의 연관성 인식	176
3-15 나무 안아 주기	측정-크기 비교, 둘레 측정	의사소통하기-수학적 사고 표현 연계하기-상호 연관성 이해	178
3-16. 나뭇잎 프로타주	규칙성-규칙적 배열	문제해결하기-해결 전략 선택 및 사용 표상하기-자신의 생각 표현	180
3-17. 『나뭇잎을 타고 가자』 그림책 감상	수와 연산-수 세기, 사건의 순서	의사소통하기-자신의 생각 표현, 수학적 어휘 사용 연계하기-사물의 연관성 인식	182

놀이 3-1. 나무 그늘 안과 밖

- 수학적 지식 : 공간과 도형–안과 밖
  측정–비교
- 수학적 과정 기술 : 의사소통하기–수학적 사고 이야기
  연계하기–비형식적 수학과 형식적 수학 연계

목표

- 자연현상의 차이에 관심을 가지고 그늘의 특징에 대해 수학적 용어로 표현한다.
- 나무 그늘의 안과 밖의 차이를 비교할 수 있다.

자료

나무 그늘

놀이 방법

1. 나무 주변에서 노는 유아들과 함께 나무 그늘 안에 모인다.
   - "여기 그늘 안과 밖이 어떻게 다르지?"

2. 햇빛이 있는 곳과 나무 그늘 안에서 각각 나무 위쪽을 쳐다본다.
   - "햇빛이 있는 곳에서 나무를 올려다보자."
   - "여기 그늘에서 나무를 올려다보자."

- "어떻게 다른지 얘기해 보자."

❸ 나무 아래에 앉아 그늘 밖으로 손을 내밀어 본다.

- "그늘 안과 밖에서 손이 어떻게 보이니?"

❹ 신발이나 장난감 등 다른 것을 그늘 안과 밖에서 비교해 본다.

Tip

✲ 그늘 안과 밖의 차이를 몇 가지나 찾았는지 숫자로 정리한다.

✲ 그늘 안에 있으면 날씨가 더운 날에는 시원하지만, 날씨가 쌀쌀한 날에는 그렇지 않다는 것을 체감해 보게 한다.

놀이 3-2. 열매 줍고 관찰하기

- 수학적 지식 : 수와 연산-수 세기, 분류
- 수학적 과정 기술 : 문제해결하기-탐색
  연계하기-상호 연관성 이해

목표
- 주변의 열매에 관심을 가지고 자세히 관찰한다.
- 같은 종류별로 열매를 구분할 수 있다.

자료 토마토, 잣방울, 솔방울 등의 열매

놀이 방법

1. 주변을 탐색하며 바닥에 떨어져 있는 열매들을 주워 모은다.
   - "무엇이든 주워서 여기에 가지고 오자."

❷ 유아들이 가져온 것을 바닥에 늘어놓고, 비슷한 것끼리 함께 모아 본다.

- "이렇게 생긴 것, 잣방울은 여기에 모으자."
- "솔방울은 여기에 놓자."
- "또 무엇이 있나? 그래 이것은 여기에 놓자."

❸ 같은 종류끼리 수량을 비교한다.

- "무엇이 가장 많이 있니? 가장 적은 것은 무엇이니?"

❹ 종류별로 모두 몇 개인지 수를 세어 본다.

- "잣방울은 모두 몇 개일까?"

❺ 다시 주변을 탐색하며 여러 종류의 열매를 모아 와서 계속한다.

Tip

- 열매를 모양, 수를 근거로 구분한 뒤에는 크기, 색깔, 먹는 것과 먹지 못하는 것, 껍질이 단단한 것과 부드러운 것 등으로도 분류·비교할 수 있다.
- 열매의 종류를 다양하게 경험하기 위해 식용 열매를 구입하여 사용할 수 있다.

놀이 3-3. 도토리 모으기

- 수학적 지식 : 수와 연산–구분, 수 세기, 일대일 대응
- 수학적 과정 기술 : 표상하기–표상 만들고 사용

목표
- 다른 사물과 구분하여 도토리를 찾아 모을 수 있다.
- 1부터 3까지 일대일 대응을 하며 수를 센다.

자료 나무에서 떨어진 도토리

놀이 방법

❶ 도토리를 유아에게 보여 주며 떨어져 있는 열매 중 도토리만 주워 모으도록 한다.
 – "이것과 똑같이 생긴 것, 도토리를 찾아보자."

❷ 도토리를 찾아오면 펼쳐 놓고 수를 세어 본다.

– "하나, 둘, 셋. 다시 일, 이, 삼."

– "하나, 둘, 셋, 넷, 다섯. 다시 일, 이, 삼, 사, 오."

❸ 도토리의 생김새를 살펴보며 모양을 몸과 손과 언어로 묘사해 보고, 촉감을 언어로 묘사해 본다.

– "둥근 부분, 길쭉한 부분, 뾰족한 부분은 어디에 있나?"

– "만져 보자. 어떤 느낌이 드니?"

❹ 도토리의 뚜껑을 분리해서 손가락에 끼워 수를 센다.

Tip

✽ 도토리를 요구르트병이나 음료수병에 담아 마라카스를 만들어 흔들어 보거나, 한데 모아 말려서 콜라주 재료로 사용할 수 있다.

놀이 3-4. 나뭇잎 실어 나르기

- 수학적 지식 : 공간과 도형–거리와 방향
  측정–양, 거리
- 수학적 과정 기술 : 의사소통하기–수학적 용어 사용
  표상하기–수학적 의미를 상징으로 표현

목표
- 나뭇잎의 양을 조절하여 용기에 담고 옮기며 사물의 용량 관계를 파악한다.
- 대·소근육을 조절하여 문제를 해결할 수 있다.

자료 떨어져 있는 나뭇잎, 장난감 트럭 외 기타 용기들

놀이 방법

❶ 실외에 떨어진 나뭇잎을 바라본다.
–"많이 떨어져 있는 나뭇잎을 보니 어떤 기분이 드나?"

❷ 주변에 있는 장난감 트럭과 용기를 이용하여 나뭇잎을 치우는 방법에 대해 이야기 나눈다.
–"여기 있는 용기나 트럭 등으로 나뭇잎을 다른 곳에 옮길 수 있을까?"

- "어디로 나뭇잎을 옮겨서 한곳에 모을까?"

❸ 나뭇잎을 용기나 트럭에 담아 옮기며, 담을 수 있는 양에 대해 이야기한다.

- "얼마만큼의 나뭇잎을 담을 수 있을까?"
- "어떻게 알았니?"

❹ 각 유아가 옮긴 나뭇잎 더미는 별도로 표시해 둔다.

- "각자 자기가 옮긴 나뭇잎이 얼마나 많은지를 알아보기 위해 따로따로 모아 놓도록 하자."

❺ 몇 번이나 나뭇잎을 옮겼는지 세고 표시한다.

- "한 번씩 옮길 때마다 무엇으로 표시를 해 두면 좋겠니?"

❻ 더 많은 양의 나뭇잎을 더 빨리 쉽게 옮길 수 있는 방법에 대해 알아본다.

- "트럭이나 용기에 담아 옮기는 것보다 더 많은 나뭇잎을 어떻게 하면 더 쉽게 옮길 수 있을까?"

Tip

✲ 모래장에 떨어져 쌓인 나뭇잎을 놀이에 방해되지 않도록 다른 장소로 치워야 할 때에 하면 좋은 놀이이다. 유아 각자가 옮긴 나뭇잎의 양을 서로 비교하며 부분과 전체의 관계에 대해 이야기 나눈다.

놀이 3-5. 식물에 물 주기

- 수학적 지식 : 측정-크기, 높이, 양
- 수학적 과정 기술 : 문제해결하기-문제해결 과정 검토, 반성적 사고
  추론 및 증명하기-해결 과정과 답 정당화

목표
- 식물의 크기와 높이에 맞게 분무기로 물을 줄 수 있다.
- 물을 주는 이유를 설명하고 물을 준 식물을 기억한다.

자료 식물 또는 화분, 분무기 또는 조루

놀이 방법

1. 주변의 식물 옆에 분무기나 조루를 준비하여 함께 무엇인지 살펴본다.
   - "여기 무엇이 있니? 무엇을 하는 걸까? 어떻게 사용할까?"

❷ 분무기나 조루를 사용하여 식물에 물을 준다.

- "이렇게 물을 뿌려 주자."

❸ 물을 주기 전과 후 식물의 상태 변화를 비교한다.

- "물을 준 후 나뭇잎이 어떻게 되었을까? 만져 보자."

❹ 적절한 양의 물을 주도록 한다.

- "물을 준 것에 또 주면 어떻게 될까?"
- "왜 그럴까?"
- "골고루 물을 주도록 하자."

❺ 식물에게 물을 주는 이유에 대해 유아와 함께 이야기한다.

- "식물은 왜 물을 먹어야 할까?"

❻ 물을 다 준 후에는 도구를 있던 장소에 정리한다.

Tip

✲ 물을 준 날짜를 달력에 표시하여 시간의 흐름과 간격을 경험한다.

✲ 키가 큰 식물은 올라가서 물을 줄 수 있도록 받침대를 준비하여 사용할 수 있다.

놀이 3-6. 나뭇잎 담기

- 수학적 지식 : 수와 연산–순서 짓기
  측정–수량 비교
- 수학적 과정 기술 : 문제해결하기–수학적 상황 해결

목표
- 크기가 다른 용기에 나뭇잎을 담고 양을 비교할 수 있다.
- 관계와 규칙성을 파악하여 문제를 해결한다.

자료 크기가 다른 용기 3개, 나뭇잎

놀이 방법

❶ 가장 작은 용기 1개를 먼저 주고, 주변의 나뭇잎을 주워 담는다.
– "여기에 나뭇잎을 가득 담아 보자."

❷ 첫 번째 용기에 나뭇잎을 채워 오면, 두 번째로 작은 용기를 주고 또 나뭇잎을 가득 담아 오게 한다.

❸ 가장 큰 용기를 주고 나뭇잎을 가득 담아 오게 하여 앞의 용기들과 어떻게 다른지 비교해 본다.

- "어느 곳의 나뭇잎이 가장 많을까?"
- "어느 곳의 나뭇잎이 가장 적을까?"

❹ 가장 많은 나뭇잎이 담긴 용기부터 나뭇잎이 가장 적게 담긴 용기 순서대로 용기를 놓아 본다.
- "나뭇잎이 가장 많은 것부터 적은 것 순서대로 용기를 놓아 보자."

❺ 용기에 담긴 나뭇잎을 바닥에 각각 쏟아서 나뭇잎의 양이 얼마나 차이가 나는지 비교해 본다.
- "우와, 여기엔 나뭇잎이 이만큼 들어 있었네. 얼마나 많은지 손으로 쥐어 보자."
- "여기는 나뭇잎이 이만큼 들어 있었네."

❻ 유아가 '많다', '적다' 라는 용어를 반복해서 사용하도록 한다.

Tip

✽ 나뭇잎 대신에 나뭇가지나 열매 등을 담을 수 있으며, 각각의 용기에 담긴 나뭇잎의 개수가 몇 개인지 큰 수까지 함께 세어 볼 수 있다.

놀이 3-7. 나뭇가지 연주

- 수학적 지식 : 측정–소리의 크기 비교
  규칙성–규칙 만들기
- 수학적 과정 기술 : 추론 및 증명하기–관계와 규칙성 파악
  연계하기–사물과 소리의 상호 연관성 이해

목표
- 나뭇가지의 종류와 여러 가지 사물이 부딪쳐서 나는 소리를 비교한다.
- 일련의 규칙에 따라 소리를 낼 수 있다.

자료 나뭇가지 또는 나무 막대

놀이 방법

❶ 주변에서 두드려 소리를 낼 수 있는 단단한 나뭇가지나 막대를 함께 찾는다.
– "두드릴 수 있는 단단한 것을 찾아보자."

❷ 바닥이나 근처의 나무, 담, 장난감 등을 나뭇가지로 쳐서 소리 내어 본다.

❸ 어떤 소리가 나는지 입으로 소리를 흉내 내며 비교한다.

- "나무를 치니 이런 소리가 나는구나."
- "바닥은, 기둥은… 이런 소리가 나네."

❹ 규칙적으로 소리를 내며 막대를 친다.

- "딱/딱/딱/딱…"
- "딱딱딱/딱딱딱/딱딱딱/딱딱딱…"
- "따딱/따딱/따딱/따딱…"

❺ 다른 나뭇가지나 막대로 바꾸어 쳐 본다.

- "아까 소리와 어때?"

❻ 한 사람이 낸 소리를 잘 듣고 똑같이 따라 해 본다.

Tip

✱ 자연에서 얻은 나뭇가지나 막대로 주변의 여러 가지 사물의 소리를 탐색하며 규칙을 만들어 박자를 경험할 수 있다. 소리 패턴의 반복은 음악에서 리듬감의 기초가 된다.

놀이 3-8. 나뭇잎에 물감 칠하기

- 수학적 지식 : 공간과 도형–공간 사용, 모양 인식
  측정–면적 비교
- 수학적 과정 기술 : 문제해결하기–적절한 전략 선택, 적용
  표상하기–그림 표상

목표
- 나뭇잎에 물감을 칠하며 자기의 생각을 표상한다.
- 나뭇잎의 생김새와 크기를 고려하여 문제를 해결한다.

자료 나뭇잎 2장씩(크기가 다름), 아크릴 물감, 큰 붓, 도화지

놀이 방법

❶ 종류와 크기가 다른 나뭇잎 2개를 자세히 탐색한다.

- "여기 무엇이 있을까? 어떤 모양, 색깔이지? 만졌을 때 느낌은?"

❷ 물감과 붓을 주고 나뭇잎에 어떤 색을 칠할지 생각한 후, 색칠을 한다.

- "나뭇잎을 어떤 색깔로 만들까?"
- "음, 빨간색을 칠하네. 붓을 동그랗게 돌려 칠하는구나!"

❸ 앞의 나뭇잎에 색을 다 칠하면, 다른 나뭇잎에도 물감을 칠한다.

- "이번엔 어떻게 칠할까? 아까 것과 어때?"

❹ 앞면과 뒷면을 차례대로 칠해 본다.

- "한쪽만 칠할까? 양쪽 다 칠하려면 어떻게 해야 할까?"

❺ 물감으로 칠한 나뭇잎을 유아의 이름이 쓰여 있는 도화지 위에 놓고 말린다.

> **Tip**
>
> ✽ 물감 칠한 나뭇잎을 모아 실내의 나뭇가지에 매달아 주거나, 나무 그림에 붙여 장식하여 전시해 준다.

놀이 3-9. 나뭇잎, 열매 모양 찍기

- 수학적 지식 : 공간과 도형-모양 인식, 짝 짓기
- 수학적 과정 기술 : 표상하기-내적 사고 표현

목표
- 나뭇잎과 열매의 모양을 보고 같은 것끼리 짝 지을 수 있다.
- 관계를 파악하여 문제를 해결한다.

자료 여러 종류의 나뭇잎, 열매, 모래 또는 색점토, 물감, 붓, 도화지

놀이 방법

1. 여러 종류와 크기가 다른 나뭇잎 또는 열매를 실외 모래 위나 실내 색점토와 함께 탐색한다.
   - "여기 무엇이 있을까?"
   - "이것으로 무엇을 할까?"
2. 모래 위에 열매나 나뭇잎을 놓고 손바닥으로 세게 누른 후 나뭇잎을 제거한다.
   - "어떤 모양이 생겼니?"
   - "어떤 나뭇잎이었지?"

3 모래 위나 점토 위에 다양한 패턴을 만들며 계속해서 나뭇잎과 열매를 찍어 본다.

– "와, 이런 모양이구나. 이번엔 큰 것으로, 이번엔 길쭉한 것… 신기하네."

4 나뭇잎에 물감을 칠하여 도화지로 덮은 후 찍어 낸 무늬를 관찰한다.

Tip

- 점토가 손이나 나뭇잎, 열매 등에 달라붙지 않으면서 모양이 잘 찍히도록 끈적거리는 정도를 조절할 필요가 있다.
- 모래나 점토 위에 찍기에 이어 나뭇잎이나 열매로 장식하기를 하며 자연물의 모양 탐색에서 새로운 패턴 구성하기로 발전할 수 있다.

놀이 3-10. 같은 종류로 1, 2, 3

- 수학적 지식 : 수와 연산-분류, 수 세기, 숫자 인식
- 수학적 과정 기술 : 추론 및 증명하기-해결 과정과 답 정당화, 추측 만들고 조사

목표

- 사물의 생김새와 크기를 탐색하고 같은 종류끼리 분류할 수 있다.
- 관계와 규칙을 파악하여 문제를 해결한다.

자료

비밀상자, 장난감 블록, 같은 종류의 나뭇잎 10개, 같은 종류의 나뭇가지 10개, 열매 10개

놀이 방법

1. 유아와 함께 여러 종류의 장난감, 나뭇잎, 나뭇가지, 열매 등을 바구니에 넣는다.

❷ 같은 종류의 나뭇잎, 나뭇가지, 열매를 각각 1개씩 유아에게 보여 준 후, 바구니에서 유아가 같은 종류의 것을 하나씩 찾아 꺼내도록 한다.

❸ 언급하는 사물을 찾아 낸다.
- "여기서 나뭇잎을 찾아 꺼내어 보자."
- "열매를 찾자. 나뭇가지를 찾자. 장남감 블록을 꺼내자."

❹ 유아가 꺼낸 것과 같은 종류의 사물 모두를 바구니에서 찾아내도록 한다.
- "바구니에 든 모든 것을 꺼내어 같은 것끼리 모으자."
- "왜 이렇게 했니? 어떤 점이 같은지 말로 설명해 보자."

❺ 같은 종류로 갯수를 달리 묶어 본다.
- "이 열매로 하나, 둘, 셋씩 순서대로 놓아 보자."

❻ 숫자를 만들어 본다.
- "나뭇가지로 숫자 '1'을 만들어 볼까?"
- "이번 것은 어떤 숫자를 만들어 볼까? 어떻게 하면 될까?"
- "어떻게 알았니?"

Tip

✲ 사물과 나뭇잎, 나뭇가지, 열매들을 모두 섞어 전체 개수를 세거나, 숫자 모양을 만들어 볼 수 있다.

✲ 촉감으로만 차이를 느끼고 구분하여, 짝 짓고 수를 세거나 숫자를 만들 수도 있다.

놀이 3-11. 나뭇잎은 보물

- 수학적 지식 : 수와 연산-비교, 수 세기
  확률과 통계-분류
- 수학적 과정 기술 : 연계하기-사물의 상호 연관성 이해
  표상하기-언어, 기호로 표상

목표
- 여러 가지 나뭇잎의 특징을 언어로 묘사한다.
- 1부터 10까지 합리적 수 세기를 한다.

자료
여러 가지 종류의 나뭇잎, 비닐봉지

놀이 방법

1 실외에 널린 나뭇잎 중 오랫동안 간직하고 싶은 것(보물처럼 특별한 것)을 선택하여 비닐 봉지에 담는다.
- "특별하다고 생각하는 나뭇잎을 골라 담자."

2 모은 나뭇잎을 펼쳐 놓고 각각의 특징을 이야기한다.
- "길쭉하고 빳빳해요."
- "노랗고 부채처럼 생겼어요."
- "두껍고 커요."
- "주황색이 예뻐요."

3 같은 종류의 나뭇잎을 찾아 모아 본다.

4 비닐봉지에 담아 온 나뭇잎의 수를 모두 세어 본다.
- "모두 몇 개나 있는지 세어 보자."

5 사인펜으로 나뭇잎에 날짜를 쓴 후, 두꺼운 책 사이에 끼워 보물로 간직한다.
- "얼마나 오랫동안 간직할 수 있을까?"
- "오랜 시간 후 나뭇잎을 찾아보았을 때 어떤 기분이 들까?"

Tip

- 시간이 지난 후에 보게 될 나뭇잎에게 하고 싶은 말을 사인펜으로 적어 보관할 수 있다.
- 작년에 책갈피에 끼워 둔 나뭇잎을 함께 살펴본 후, 간직하고 싶은 특별한 나뭇잎을 주우러 가면 더욱 동기유발이 될 것이다.

놀이 3-12. 큰 수 세기

- 수학적 지식 : 수와 연산-사물과 수의 일대일 대응, 큰 수 세기
- 수학적 과정 기술 : 추론 및 증명하기-추측 만들고 이를 증명
  연계하기-사물과 수 이름의 상호 연관성 인식

목표
- 사물과 수 이름을 대응하며 수 세기를 한다.
- 10 이상의 수를 셀 수 있다.

자료 나뭇잎 또는 감 꼭지 20개 이상

놀이 방법

❶ 바구니에 담긴 감 꼭지를 보고 수를 예측해 본다.
- "무엇이 있니?"
- "모두 몇 개일까?"
- "어떻게 알 수 있을까?"

❷ 감 꼭지를 하나씩 배열하면서 '고유 수 이름' 으로 수를 센다.
- "하나, 둘, 셋으로 세어 보자."

❸ 열 개까지 놓으면, 줄을 바꾸어 감 꼭지를 놓으면서 10 이상의 수를 이어서 세

어 본다.

– "열하나, 열둘, 열셋…으로 계속 세어 보자."

❹ 모든 수를 센 후, 처음에 예측한 수와 비교해 보고, 배열되어 있는 감 꼭지를 살펴본다.

– "처음에는 몇 개가 될 거라고 했지?"

– "세어 보니 모두 몇 개였어?"

– "늘어놓은 것을 보니 어떤 생각이 들어?"

❺ 유아들이 센 수만큼의 감 꼭지를 바구니에 다시 담으며 '한자 수 이름'으로 수를 센다.

– "일, 이, 삼, 사…로 세며 감 꼭지를 여기에 담자."

Tip

✲ 수를 셀 때 사용하는 수 이름은 '고유 수 이름(하나, 둘, 셋…)'과 '한자 수 이름(일, 이, 삼…)'이 있다. 유아들은 일상생활에서 이 둘을 동시에 경험하고 배우므로 자연스럽게 두 가지를 함께 사용하여 구체물을 세도록 한다.

✲ 실외 화단에 있는 꽃의 수를 세어 본다.

놀이 3-13. 나뭇잎 맞히기

- 수학적 지식 : 측정–비교, 거리와 방향
  확률과 통계–사건의 수 비교
- 수학적 과정 기술 : 문제해결하기–해결 전략 선택 및 사용
  연계하기–사물의 상호 연관성 인식

목표
- 나뭇잎의 위치와 공을 던지는 방향과의 관계를 파악한다.
- 대근육을 조절하여 문제를 해결할 수 있다.

자료 나무 그림(10cm×10cm) 1개, 나뭇잎 1개, 지름 3cm 크기의 공

놀이 방법

❶ 벽에 나무 그림을 붙여 놓고, 공을 주고받으며 논다.

❷ 나무 그림을 향해 공을 던지며, 나뭇잎을 공으로 맞혀 본다.
– "공으로 그림을 맞히자."

❸ 유아들과 돌아가며 그림에 공을 던지고 맞히면 박수로 칭찬해 준다.
– "맞췄다. 잘했어!"

❹ 나무 그림을 떼고 나뭇잎을 붙인 후 공으로 다시 놀이를 한다.
- "이제는 나뭇잎을 맞히는 거야."

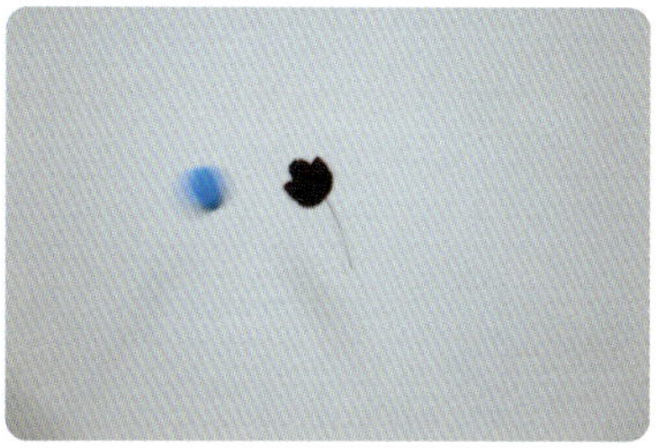

❺ 순서대로 공을 주고받으며, 벽에 붙어 있는 나뭇잎을 맞힌다.

❻ 실외 울타리에 솔방울을 매달아 놓고 공을 던져 솔방울을 맞힌다.

Tip

✽ 공에 맞아도 부서지지 않는 두꺼운 나뭇잎을 사용하고, 공놀이가 익숙하지 않은 유아라면 크기가 큰 나뭇잎을 붙였다가, 익숙해질수록 작은 크기의 나뭇잎을 붙여 흥미가 떨어지지 않도록 한다.

✽ 가을에는 실외에서 나무에 공을 던져 맞히거나, 공을 던져서 낙엽이 떨어지게 한다.

놀이 3-14. 『나뭇잎의 여행』 모양 구성

- 수학적 지식 : 공간과 도형-모양 구별, 위치와 방향
- 수학적 과정 기술 : 의사소통하기-자신의 생각으로 반응, 수학적 어휘 사용
  연계하기-그림과 실물의 연관성 인식

목표
- 나뭇잎 5장으로 여러 가지 모양을 구성한다.
- 이야기를 듣고 내용을 이해하며, 자기의 생각으로 뒷이야기를 만들 수 있다.

자료 『나뭇잎의 여행』(지은이 미상, 창작 동화), 나뭇잎 5개, 8절 도화지

동화 내용

'휘이~ 휘이~' 세찬 바람이 부는 어느 날. 큰 참나무에 매달린 다섯 나뭇잎들은 서로 헤어지지가 싫었대요.
"얘들아! 우리 같이 여행을 떠나자." … 다섯 나뭇잎들은 작고 예쁜 배가 되어서 바다를 둥실둥실 떠다녔어요.
나뭇잎들은 여행을 하면서 또 어떤 모양으로 변했을까요?

놀이 방법

❶ 그림이나 융판 자료를 이용하여 천천히 이야기를 해 준다.
- "제목은 '나뭇잎의 여행'"
- "어떤 이야기인지 잘 들어 보자."

❷ 이야기를 다 듣고 난 후, 다시 처음부터 끝까지 그 내용을 회상해 본다.
- "어떤 이야기였어?"
- "처음에 누굴 만났지?"
- "그래서 어떻게 되었어?"
- "그 다음은? 그래서 또 어떻게 되었지?"

❸ 실제 나뭇잎 5개로 이야기에 나온 사물의 모양을 도화지 위에 구성해 본다.
- "이것은 무엇이지?"
- "나뭇잎으로 이야기에 나온 모양을 그대로 만들어 보자."

❹ 유아와 함께 뒷이야기를 만들어 본다.
- "또 나뭇잎은 어디로 갔을까?"
- "누굴 만났을까? 어떻게 되었을까?"

❺ 5개의 나뭇잎으로 유아가 만들어 보고 싶은 어떤 모양이든지 자유롭게 구성하고 말로 표현해 본다.
- "네가 만들고 싶은 모양을 만들어 보아라."
- "무엇인지 이야기해 줄래?"

Tip

✲ 유아가 구성한 나뭇잎 모양과 이야기를 도화지에 붙이고 제목과 내용을 적어 전시해 준다.

놀이 3-15. 나무 안아 주기

- 수학적 지식 : 측정-크기 비교, 둘레 측정
- 수학적 과정 기술 : 의사소통하기-수학적 사고 표현
  연계하기-상호 연관성 이해

목표
- 나무 기둥의 크기와 모양을 비교한다.
- 사물의 관계를 파악하여 크기를 측정할 수 있다.

자료 주변의 나무

놀이 방법

1. 옆사람을 안아 보고, 주변에 있는 나무를 안아 본 후 차이에 대해 이야기 나눈다.
   - "기분이 어때?"
   - "나무를 안았을 때와 사람을 안았을 때 어떤 느낌이었어? 무엇이 달라?

❷ 나무 기둥을 찾아 두 팔로 안으며 탐색한다.

- "여기 무엇이 있니?"
- "안아 보니 어떤 느낌이 들어?"
- "한 번에 안아지니?"

❸ 주변에서 다른 나무 기둥을 찾아 안아 보고 기둥의 둘레를 비교한다.

- "어때? 아까 나무와 지금 나무의 둘레는?"

❹ 나무를 안아 보고 알아낸 기둥의 크기를 큰 순서대로 이야기하고, 차례대로 뛰어가서 안아 준다.

- "어떤 나무가 가장 컸지? 그 다음은? 가장 작은 나무는?"
- "가장 큰 나무를 먼저 안아 주고 차례대로 가장 작은 나무까지 안아 주자."

❺ 기둥의 크기를 작은 순서대로 이야기하고, 차례대로 안아 준다.

- "어떤 나무가 가장 작았지? 그 다음은? 가장 큰 나무는?"
- "이번엔 가장 작은 나무를 먼저 안아 주고, 점점 큰 나무까지 안아 주자."

Tip

✽ 나무와 사람을 안아 주며 촉감과 냄새, 크기, 모양, 특징을 자세히 표현하게 한다.

✽ 나무에게 각각 하고 싶은 말을 하거나 노래를 불러 주며 자연과 교감하는 태도를 키운다.

놀이 3-16. 나뭇잎 프로타주

- 수학적 지식 : 규칙성–규칙적 배열
- 수학적 과정 기술 : 문제해결하기–해결 전략 선택 및 사용
  표상하기–자신의 생각 표현

목표
- 나뭇잎의 무늬 배열(잎맥)을 탐색한다.
- 사물의 특징을 파악하여 문제를 해결할 수 있다.

자료 나뭇잎, 크레파스나 색연필, 종이

놀이 방법

❶ 주워 온 나뭇잎 하나 위에 종이를 덮고 크레파스로 색칠한다.
- "종이에 어떤 모양이 생기지?"
- "나뭇잎의 무늬를 자세히 살펴보자."

❷ 다른 나뭇잎을 골라 종이 아래에 놓고 다시 크레파스로 색칠한다.
- "이번에는 어떤 모양이니?"
- "아까 색칠한 나뭇잎 무늬와 차이점을 말해 보자."

❸ 직접 나뭇잎을 보면서 잎맥을 그려 본다.

- "나뭇잎에 있는 무늬를 직접 그려 보자."
- "어떤 무늬가 나타났지?"

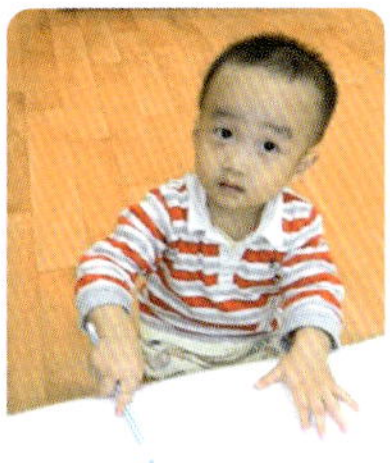

❹ 실제 나뭇잎과 크레파스로 베낀 나뭇잎, 보고 그린 나뭇잎을 비교하며 잎맥의 규칙성을 찾아본다.

Tip

- 여기서는 잎맥의 배열을 돋보이게 하는 얇은 종이와 짙은 색 크레파스를 사용하는 것이 좋다.
- 유아가 나뭇잎을 관심 있게 탐색하여 잎맥의 규칙성을 발견하고 자연물에 대한 호기심을 갖는 것이 프로타주한 작품의 결과물보다 더 중요하다.

놀이 3-17. 『나뭇잎을 타고 가자』 그림책 감상

- 수학적 지식 : 수와 연산-수 세기, 사건의 순서
- 수학적 과정 기술 : 의사소통하기-자신의 생각으로 반응, 수학적 어휘 사용
  연계하기-책 속의 나뭇잎과 실물의 연관성 인식

목표

- 나뭇잎에 관심을 가지고 그림과 실물을 탐색한다.
- 이야기의 내용을 이해하고 사건의 순서를 기억한다.

자료

그림책 『나뭇잎을 타고 가자』(창작 동화, 톨이네, 2012)

동화 내용

어느 숲 속 작은 시냇물에 나뭇잎이 둥둥 떠내려가고 있었어요. … 나뭇잎은 지나가던 동물들을 만나고… 계속해서 어떤 일이 벌어질까요?

놀이 방법

❶ 그림책을 유아와 함께 보며, 천천히 내용을 이야기해 준다.

- "제목은 '나뭇잎을 타고 가자'"
- "어떤 이야기일까?" (잠시 추측해 보게 한다.)

❷ 책을 한 번 보고 난 후, 다시 그림만 처음부터 끝까지 한 번 본다.
- "처음부터 다시 한 번, 그림만 볼까?"

❸ 동화 내용 중 나뭇잎이 만난 동물을 시간의 순서대로 회상하여 말해 본다.
- "가장 처음에 만난 동물은 누구였지?"
- "어떻게 되었어?"
- "그 다음 만난 동물은?"
- "그래서 어떻게 했어?"

❹ 실제 나뭇잎으로 그림책에 나오는 사물을 구성해 본다.
- "나뭇잎으로 동물들이 다 탈 수 있는 큰 배를 만들어 보자."
- "토끼를 나뭇잎으로 나타낼 수 있을까?"
- "어떻게?"

Tip

✽ 책을 보고 난 후, 커다란 나뭇잎이 있다고 가정하여 여러 동물들이 타고 여행하는 내용의 극놀이를 할 수 있다.

✽ 유아가 원하는 크기의 나뭇잎을 가상하여 말하고, 그 나뭇잎으로 무엇을 하고 싶은지 상상하여 그림으로 그려 볼 수 있다.

4) 3~4세 수학놀이

놀이명	수학적 지식	수학적 과정 기술	쪽수
4-1. 나뭇잎 일렬로 늘어놓기	수와 연산-수 세기, 순서 짓기 규칙성-규칙대로 배열하기	표상하기-내적 사고 표현	186
4-2. 나뭇잎 밟고 지나가기	공간과 도형-모양 인식	문제해결하기-관계 파악	188
4-3. 찾자! 나뭇잎	공간과 도형-모양 인식, 짝 짓기	연계하기-관계 파악	190
4-4. 나뭇잎이 열려요	수와 연산-큰 수 세기 측정-수와 양	문제해결하기-해결 과정 검토, 반성적 사고 의사소통하기-수학적 어휘 사용	192
4-5. 나무 기둥 배열, 뛰어내리기	측정-높이 비교, 거리 조절	문제해결하기-해결 전략 선택, 적용 의사소통하기-수학적 어휘 사용	194
4-6. '가위바위보' 하며 나뭇잎 따기	수와 연산-일대일 대응, 수 세기, 더하기와 빼기	의사소통하기-수학적 상징 사용 연계하기-수학적 사고 간의 연관성 인식 및 사용	196
4-7. 순서대로 놓기	규칙성-규칙대로 배열, 규칙 만들기	문제해결하기-새로운 수학적 지식 획득 표상하기-내적 사고 표현	198
4-8. 나뭇잎 개수 알아보고 짝 짓기	수와 연산-수량 인식 확률과 통계-사물로 도식화하기	연계하기-관계 파악 표상하기-도표로 내적 사고 표현	200
4-9. 모양 구성하기	수와 연산-수 세기 공간과 도형-모양 구성	연계하기-관계 파악 표상하기-사물 연상, 명명	202
4-10. '많다 적다' 양의 비교	수와 연산-수 세기, 비교 측정-수량	연계하기-관계 파악 문제해결하기-해결 과정 검토, 반성적 사고	204
4-11. 솔방울 던져 바구니에 넣기	측정-거리 측정, 힘 조절 확률과 통계-시도 횟수와 성공률	문제해결하기-다양한 전략 사용, 선택 연계하기-수학 이외의 상황에서 수학 인식, 적용	206

놀이명	수학적 지식	수학적 과정 기술	쪽수
4-12. 나무 기둥 수 세기	수와 연산-일대일 대응, 큰 수 세기 규칙성-반복되는 규칙, 예측	문제해결하기-여러 상황에서 일어나는 문제해결 추론 및 증명하기-수를 추측하고 이를 조사	208
4-13. 지시대로 나뭇잎 배열	규칙성-새로운 규칙 적용	의사소통하기-수학적 용어 사용 연계하기-상호 연관성 이해, 전체 구성	210
4-14. '나뭇잎' 이야기 만들기	측정-사건의 순서	의사소통하기-수학적 아이디어를 언어로 표현, 수학적 용어 사용 연계하기-수학 이외의 상황에서 수학 인식, 적용	212
4-15. 나뭇잎 2개로 동물 표현하기	공간과 도형-모양 비교	연계하기-사물의 상호 연관성 인식 표상하기-매개물 활용하여 내적 사고 표현	214
4-16. '사계절 나뭇잎'	공간과 도형-위치와 방향 측정-시간의 흐름	표상하기-자신의 생각을 말과 그림으로 표현	216
4-17. 『나뭇잎 등』 동화와 나뭇잎 분류	확률과 통계-자료 분류 공간과 도형-모양 구성	문제해결하기-적절한 전략 선택 연계하기-일상에서 수학 인식, 적용	218

놀이 4-1.

나뭇잎 일렬로 늘어놓기

- 수학적 지식 : 수와 연산-수 세기, 순서 짓기
  규칙성-규칙대로 배열하기
- 수학적 과정 기술 : 표상하기-내적 사고 표현

목표
- 나뭇잎을 일렬로 늘어놓고 수를 셀 수 있다.
- 자신의 생각대로 사물을 표현한다.

자료 여러 종류의 나뭇잎

놀이 방법

1. 실외에 떨어져 있는 여러 종류와 크기가 다른 나뭇잎을 탐색한다.
   - "여기 무엇이 있을까?"
   - "이것으로 무엇을 할까?"
2. 바닥이나 담 위에 한 줄로 나뭇잎을 늘어놓는다.
   - "이렇게 길게 나뭇잎을 끝까지 놓아 보자."
   - "어떤 기분이 들어?"
3. 늘어놓은 나뭇잎을 셀 수 있는 데까지 세어 본다.

– "하나, 둘, 셋, 넷…"
– "일, 이, 삼, 사, 오…"

❹ 다른 규칙을 만들어 나뭇잎을 배열해 본다.
– "한 줄로 놓았는데, 이번엔 다르게도 놓아 보자."
– "크기가 작은 순서대로 놓고, 열매를 순서대로 올려놓자."
– "열매의 개수 순으로 또는 두 줄로 놓아 보자."

Tip

✲ 바닥의 무늬나 길 둑, 또는 보도 라인을 따라서 그 위에 나뭇잎을 올려놓게 하면 자연스럽게 나뭇잎을 길게 배열할 수 있다.

놀이 4-2. 나뭇잎 밟고 지나가기

- 수학적 지식 : 공간과 도형-모양 인식
- 수학적 과정 기술 : 문제해결하기-관계 파악

목표
- 나뭇가지 또는 나뭇잎이 배열된 모양대로 따라 걸을 수 있다.
- 관계를 파악하여 문제를 해결한다.

자료 여러 종류의 나뭇잎, 나뭇가지

놀이 방법

1. 여러 종류의 크기가 다른 나뭇가지를 운동장 바닥에 배열하면서 유아가 걸어야 할 길이라고 말한다.

– "여기 늘어놓은 나뭇가지를 밟고 걸어가 보자."

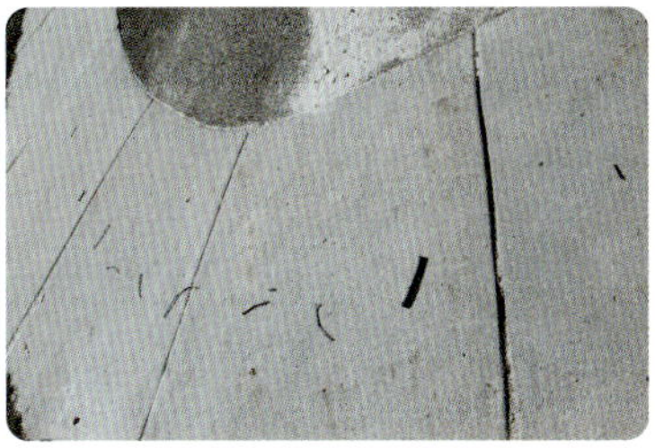

❷ 이번에는 놓아 주는 나뭇잎을 유아가 밟고 지나갈 때마다 칭찬해 준다.

❸ 유아가 나뭇잎을 늘어놓으며 길을 만들고, 다른 사람이 그 위로 걷는다.

– "이제 네가 길을 만들고 내가 그 위를 걷는 거야."

❹ 유아 스스로 나뭇잎을 늘어놓으며(길을 만들며) 걸어간다.

– "네가 앞에다 나뭇잎을 놓으면서 그 위를 밟고 가 봐."

❺ 테이프로 바닥에 일정한 간격을 표시해 두고 그 위에 나뭇잎을 놓고 밟아 본다.

Tip

✻ 팀을 나누어 유아 둘이 짝을 지어 한 명은 나뭇잎을 바닥에 놓으며 길을 만들고, 다른 한 명은 그 위를 밟고 지나가서 목표점에 먼저 도착하는 팀이 이기는 게임을 할 수 있다.

놀이 4-3. 찾자! 나뭇잎

- 수학적 지식 : 공간과 도형–모양 인식, 짝 짓기
- 수학적 과정 기술 : 연계하기–관계 파악

목표
- 나뭇잎의 촉감, 냄새, 모양을 탐색한다.
- 사물의 관계를 파악하여 같은 것을 찾아낼 수 있다.

자료 색과 모양이 각각 다른 나뭇잎들, 나뭇잎을 담을 용기 3~4개

놀이 방법

1. 색과 모양, 크기가 다른 나뭇잎들을 살펴본다.
   - "여기 있는 나뭇잎은 어떻게 생겼니?"

– "어떤 점이 같고 어떤 점이 다르니?"

❷ 제시한 나뭇잎을 각각의 용기에 붙이고 그것과 같은 것을 유아가 찾아와 담는다.

– "여기에 있는 나뭇잎과 같은 것을 모두 찾아와 담자."

❸ 같은 그릇에 담긴 나뭇잎을 꺼내어 나뭇잎의 색과 모양이 맞는지 확인한다. 혹시 다른 것이 섞였으면 차이점에 대해 함께 이야기 나눈다.

❹ 나뭇잎의 수량을 비교한다.

❺ 용기에서 나온 나뭇잎을 종류별로 차트에 붙여 그림표를 만들 수 있다.

Tip

✲ 2~3종류의 나뭇잎을 따로 담을 용기를 들고 다니며 나뭇잎을 수집하며 분류한다.

놀이 4-4. 나뭇잎이 열려요

- 수학적 지식 : 수와 연산–큰 수 세기
  측정–수와 양
- 수학적 과정 기술 : 문제해결하기–해결 과정 검토, 반성적 사고
  의사소통하기–수학적 어휘 사용

목표
- 숫자만큼 나뭇잎을 세고 수와 사물을 연결 지을 수 있다.
- 관계를 파악하여 문제를 해결한다.

자료 여러 종류의 나뭇잎

놀이 방법

1. 책상 위나 실외 바닥에 나뭇잎을 제시하고 함께 살펴본다.
   - "여기 무엇이 있니?"
   - "이것으로 무엇을 할까?"

2. 같은 종류끼리 나뭇잎을 모아 본다.

❸ 제시하는 숫자만큼 나뭇잎을 아래에 놓는다.

- “1은 나뭇잎 하나를 놓자.”
- “2는 나뭇잎 몇 개를 놓을까?”

❹ 1부터 10까지 유아가 셀 수 있는 수대로 계속해서 숫자와 나뭇잎을 대응해 나간다.

- “수를 셀 때 나뭇잎을 하나씩 손가락으로 지적해 가며 세자.”

Tip

✻ 숫자와 그 수만큼의 나뭇잎을 바닥에 배열해 놓거나, 챠트에 붙여 전시해 놓으면 시각적으로 수와 수량을 대응하는 기회를 갖게 된다.

놀이 4-5. 나무 기둥 배열, 뛰어내리기

- 수학적 지식 : 측정–높이 비교, 거리 조절
- 수학적 과정 기술 : 문제해결하기–해결 전략 선택, 적용
  의사소통하기–수학적 어휘 사용

목표
- 높이 규칙을 파악하고 대근육을 조절할 수 있다.
- 관계를 파악하여 문제를 해결한다.

자료 높이가 다른 나무 기둥

놀이 방법

1. 죽은 나무 기둥을 유아와 함께 탐색한다.
   – "이것은 무엇일까?"

– "이것으로 무엇을 할까?"

❷ 나무 기둥 위에 올라서 본다.

– "기분이 어떠니?"

– "아래에 있을 때와 그 위에 올라가니 뭐가 다르니?"

❸ 높이가 서로 다른 나무 기둥 위를 건너뛰어 본다.

– "나무에서 떨어지지 않으면 어떻게 해야 할까?"

❹ 유아가 원하는 대로 나무 기둥을 배열해 놓고 건너뛰기를 한다.

❺ 일정한 규칙을 정하여(차례대로, 또는 한 칸씩 건너뛰기 등) 뛰기를 한다.

Tip

✻ 혼자서 높이가 다른 나무 기둥에서 뛰어내리기, 나무 기둥을 일렬로 배열해 놓고 옆 나무 기둥으로 옮겨 뛰기, 기둥의 배열을 바꾸어(높은 것에서부터 낮은 것으로, 낮은 것에서 높은 것으로) 순서대로 건너뛰기, 유아가 차례를 지어 한 명씩 번갈아가며 나무 기둥 위를 뛰어다니기로 놀이 방법을 바꿀 수 있다.

놀이 4-6. '가위바위보' 하며 나뭇잎 따기

- 수학적 지식 : 수와 연산-일대일 대응, 수 세기, 더하기와 빼기
- 수학적 과정 기술 : 의사소통하기-수학적 상징 사용
  연계하기-수학적 사고 간의 연관성 인식 및 사용

목표
- 사물과 일대일 대응하며 수를 센다.
- 규칙과 사물의 관계를 파악하여 문제를 해결한다.

자료 여러 개의 나뭇잎 또는 열매가 달린 나뭇가지

놀이 방법

1. 여러 개의 나뭇잎 또는 열매가 달린 나뭇가지를 찾아 탐색한다.
   - "여기 무엇이 있을까?"
   - "어떻게 생겼는지 자세히 살펴보자."
   - "이것으로 무엇을 할까?"

2. 나뭇잎이 총 몇 개나 달려 있는지 수를 세어 본다.
   - "나뭇잎이 모두 몇 개나 달려 있나 세어 보자."

❸ 가위바위보를 하여 이긴 사람이 상대방의 나뭇잎을 하나 따도록 한다.

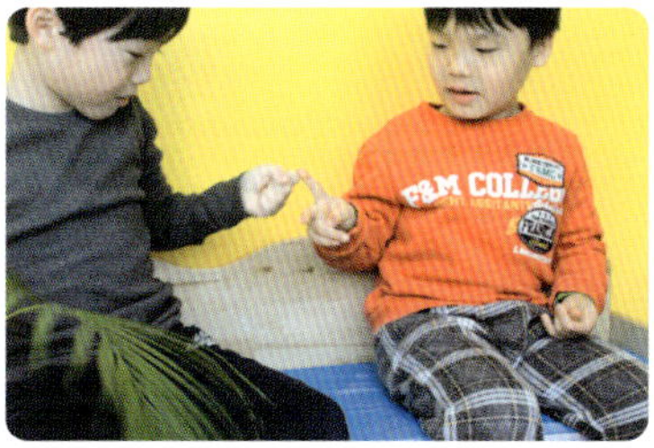

❹ 규칙대로 계속 놀이한 후, 나뭇가지에 나뭇잎이 몇 개나 남았는지, 다른 사람의 것을 가지고 온 나뭇잎 수는 모두 몇 개인지, 합해서 모두 몇 개가 있는지 수를 비교한다.

Tip

* 게임 전에 나뭇가지에 달린 나뭇잎의 수를 기억하게 하고(적어 놓거나), 놀이 후 나뭇잎의 수를 처음 수에서 더하고 빼기를 하며 비교해 보면, 자연스럽게 사물을 이용한 덧셈과 뺄셈, 부분과 전체에 대해 알 수 있다.

놀이 4-7.

순서대로 놓기

- 수학적 지식 : 규칙성-규칙대로 배열, 규칙 만들기
- 수학적 과정 기술 : 문제해결하기-새로운 수학적 지식 획득
  표상하기-내적 사고 표현

목표
- 규칙을 파악하여 나뭇잎과 열매를 배열할 수 있다.
- 관계를 파악하여 문제를 해결한다.

자료 여러 종류의 나뭇잎, 열매

놀이 방법

1 나뭇잎, 열매, 나뭇가지를 주워 모은다.

- "여기 무엇이 있을까?"

– "이것으로 무엇을 할까?"

❷ 나뭇잎, 열매, 나뭇잎, 열매 순으로 바닥에 배열한다.

– "나뭇잎, 열매, 나뭇잎, 열매, 그 다음엔 무엇을 놓을까?"

❸ 나뭇잎, 열매, 나뭇가지를 섞어서 규칙을 바꾸어 가며 배열한다.

– "이번엔 무엇을 놓아야 할까? 그렇구나 열매로구나."

❹ 나뭇잎끼리(또는 열매끼리) 규칙을 바꾸어 배열한다.

– "이번엔 무엇을 놓을까? 그렇지, 큰 나뭇잎 그 다음엔? 작은 나뭇잎, 참 잘 했어요!"

Tip

✻ 규칙대로 배열하기에서 1, 2, 1, 2, 1, 2… 순이나, 1, 2, 3, 1, 2, 3… 또는 1, 2, 2, 1, 2, 2… 등으로 유아에게 배열하도록 하다가, 나중에는 유아 스스로 규칙을 만들게 한다.

놀이 4-8.

나뭇잎 개수 알아보고 짝 짓기

- 수학적 지식 : 수와 연산–수량 인식
  확률과 통계–사물로 도식화하기
- 수학적 과정 기술 : 연계하기–관계 파악
  표상하기–도표로 내적 사고 표현

목표

- 제시하는 수만큼 나뭇잎을 대응할 수 있다.
- 관계를 파악하여 나뭇잎 그래프로 도식화할 수 있다.

자료

여러 종류의 나뭇잎과 열매

놀이 방법

1. 여러 가지 나뭇잎을 주워 같은 종류끼리 모은다.
   - "여기 무엇이 있을까? 같은 종류의 나뭇잎끼리 모아 보자."
2. 종류별로 나뭇잎의 수를 세어 놓아 보게 한다.
   - "여기 빨간 나뭇잎은 하나, 둘, 세 개 있구나. 그럼 노란 은행잎은 몇 개나 있니? 하나씩 세며 놓아 보자."
   - "모두 몇 개가 있는지 말해 보자."

– "이렇게 보니 어때? 한눈에 쉽게 숫자와 그 수만큼의 나뭇잎이 보이지?"

❸ 일련의 순서대로 나뭇잎과 열매를 가로와 세로로 늘어놓고 둘이 짝 지을 때 해당되는 것을 찾아 놓아 본다(나뭇잎과 열매 매트릭스).

– "한쪽에는 이런 순서로 나뭇잎과 열매를 놓고, 그 위쪽에는 이렇게 나뭇잎과 열매를 늘어놓았을 때 둘이 만나는 칸에는 어떤 것을 함께 놓을 수 있는지 생각해 보자."

– "와, 이렇게 놓았구나! 왜 그렇게 생각했지?"

❹ 나뭇잎의 특징을 이야기하고 해당 칸을 찾아 나뭇잎 더미를 동그라미로 그려서 표시하거나 그림표처럼 줄을 그어 칸을 그어 본다.

Tip

✱ 숫자 카드나 숫자 블럭을 사용하여 나뭇가지나 열매, 나뭇잎을 간격에 맞게 배열하며 수를 세거나 자료의 배열을 유아 스스로 바꾸어 매트릭스를 만들 수 있다.

놀이 4-9. 모양 구성하기

- 수학적 지식 : 수와 연산–수 세기
  공간과 도형–모양 구성
- 수학적 과정 기술 : 연계하기–관계 파악
  표상하기–사물 연상, 명명

목표
- 솔방울과 나뭇잎으로 여러 가지 모양을 구성하고 사물을 상징적으로 표현할 수 있다.
- 관계를 파악하여 문제를 해결한다.

자료 솔방울, 나뭇잎

놀이 방법

❶ 솔방울을 탐색한다.

– "이것은 무엇이니? 무엇을 하면 좋을까?

❷ 간단한 기초 도형을 구성해 본다.

– "네 생각대로 어떤 모양이든 만들어 보렴."

❸ 같은 모양을 다른 종류의 나뭇잎으로 구성해 본다.

– "동그라미를 어떻게 하면 다르게 만들 수 있을까? 또 다른 생각은?"

❹ 주어진 솔방울과 나뭇잎으로 생각나는 사물을 구성해 본다.

Tip

✻ 유아가 머뭇거리면 '동물 중 생각나는 것'이라든지, '먹는 것', '하트', '꽃', '장난감' 등 의 단서를 제공하여 구성하기를 격려할 수 있다.

놀이 4-10. '많다 적다' (양의 비교)

- 수학적 지식 : 수와 연산-수 세기, 비교
  측정-수량
- 수학적 과정 기술 : 연계하기-관계 파악
  문제해결하기-해결 과정 검토, 반성적 사고

목표
- 나뭇잎을 비교하여 같은 점과 차이점을 파악하고 수량의 차이를 측정할 수 있다.
- 관계를 파악하여 문제를 해결한다.

자료 여러 종류의 나뭇잎

놀이 방법

❶ 크기, 색, 수량이 차이가 나는 나뭇잎을 제시하고 관찰한다.

- "여기 무엇이 있을까? 어떤 점이 같고 어떤 점이 다르니?"

❷ 무엇이 얼마나 많은지, 적은지 수량의 차이를 말해 본다.

- "어떤 나뭇잎 또는 열매가 많은지? 적은 나뭇잎 또는 열매보다 얼마나 더 많은지 알아보자."
- "적은 나뭇잎 또는 열매는 얼마나 더 적은지 말해 보자."
- "어떻게 하면 알 수 있을까?"

❸ 수량이 같거나 많고 적음을 어떻게 표시할 수 있는지에 대해 생각해 보게 하고 열매로 기호를 표시해 본다.

- "이쪽과 이쪽 열매의 개수가 같다고 할 때 말로 하지 않고 어떻게 표시하면 좋을지 생각해 보자."
- "수량이 같을 때엔 이렇게, 적다와 많다를 표시할 땐 이렇게도 나타낸단다."

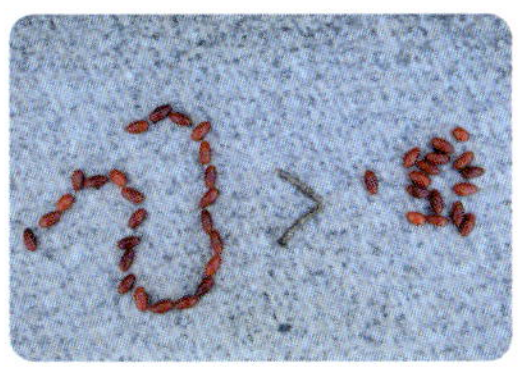

❹ 같은 종류의 나뭇잎을 바닥에 펼쳐 놓고 그 수와 차지하는 땅을 비교해 본다.

- "이렇게 바닥에 펼쳐 놓았을 때 어느 쪽의 나뭇잎이 많은지 알 수 있겠니?"
- "왜 그렇게 생각했니?"

Tip

✽ 나뭇잎이나 열매는 하나씩 셀 수 있으면서 또한 여러 개를 하나의 묶음으로 취급할 수 있는 구체물로, 유아가 양의 같고 많거나 적음을 세고 비교할 수 있는 좋은 자료이다.

놀이 4-11. 솔방울 던져 바구니에 넣기

- 수학적 지식 : 측정–거리 추정, 힘 조절
  확률과 통계–시도 횟수와 성공률
- 수학적 과정 기술 : 문제해결하기–다양한 전략 사용, 선택
  연계하기–수학 이외의 상황에서 수학 인식, 적용

목표
- 먼 거리에서 힘을 조절하여 솔방울을 바구니에 넣을 수 있다.
- 관계를 파악하여 문제를 해결한다.

자료 솔방울, 투명 용기 또는 바구니, 나뭇잎, 색공

놀이 방법

1. 솔방울을 탐색하고, 바닥에 동그라미(또는 네모)를 그리거나 용기를 준비한 후, 유아들과 거리를 정하여 솔방울을 그 안에 던져 넣는다.
   - "이 용기 안에 솔방울을 던져 넣을 수 있을까?"
   - "얼마만큼의 거리에서 던지면 잘 들어갈까?"
2. 무작위로 솔방울을 용기에 던져 들어간 수를 함께 세어 본다.
3. 솔방울 5개씩을 던져 용기에 들어간 수를 세어 기억한 후, 다시 시도해 보아

먼저 넣은 수와 비교한다.

– "이전엔 다섯 개 중에 한 개를 넣었는데, 이번엔 몇 개를 넣었니?"

– "어떻게 하면 솔방울이 용기에 잘 들어갈까?"

④ 던지는 거리를 다르게 하여 용기에 넣는 성공률을 알아본다.

– "이번엔 던지는 거리를 가깝게 또는 멀리 해서 넣어 보자."

⑤ 솔방울 외에 나뭇잎, 색공을 던져 차이를 비교한다.

Tip

✽ 솔방울을 던지는 거리를 다르게 하거나, 용기의 크기를 바꾸어 성공률을 비교한다.

놀이 4-12. 나무 기둥 수 세기

- 수학적 지식 : 수와 연산-사물과 수 일대일 대응, 큰 수 세기
  규칙성-반복되는 규칙, 예측
- 수학적 과정 기술 : 문제해결하기-여러 상황에서 일어나는 문제해결
  추론 및 증명하기-수를 추측하고 이를 조사

목표
- 나무 기둥의 같은 점과 차이점에 대해 말로 표현한다.
- 크기와 길이를 비교하고 측정할 수 있다.

자료 크기와 길이가 다른 나무 기둥

놀이 방법

1. 크기와 길이가 다른 나무 기둥을 살펴보고 같은 점과 차이점에 대해 이야기한다.
   - "무엇이 있니?"
   - "자세히 보고 같은 점과 차이점에 대해 말해 보자."

- "껍질의 느낌은 어떠니?"
- "색깔, 모양, 냄새는 어떠니?"

❷ 나무 기둥 중 가장 길이가 짧은 것과 가장 긴 것을 찾는다.

- "여기서 가장 긴 것은 어떤 것일까?"
- "가장 짧은 것은?"
- "왜 그렇게 생각했니? 어떻게 알았어?"

❸ 길이를 잴 수 있는 방법을 알아보고, 임의 단위를 찾아 재고 서로 비교해 본다.

- "무엇으로 재어 볼 수 있을까?"
- "이 끈(또는 막대기)로 각각의 길이를 재어 보자."
- "이만큼의 길이인 이 나무 기둥이 가장 길구나."

❹ 나무 기둥 중 가장 굵은 것과 얇은 것을 찾아 이야기한다.

- "여기서 가장 굵은 것은 어떤 것일까?"
- "가장 얇은 것은?"
- "왜 그렇게 생각했니? 어떻게 알았어?"

❺ 기둥의 굵기를 잴 수 있는 방법을 알아보고, 임의 단위를 찾아 재고 서로 비교해 본다.

- "무엇으로 재어 볼 수 있을까?"
- "손가락 또는 손 뼘으로 기둥의 둘레를 재어 보자."
- "이만큼인 이 나무 기둥이 가장 두껍구나."

Tip

✲ 사물의 길이, 넓이, 부피, 무게를 측정할 수 있는 임의적인(비표준화된) 측정 도구로 유아들은 신체(손가락, 손 뼘, 손바닥, 발 길이, 팔 길이 등), 클립, 빨대, 막대기, 끈, 블록, 종이, 구슬 등을 사용할 수 있다.

놀이 2-13. 지시대로 나뭇잎 배열

- 수학적 지식 : 규칙성-새로운 규칙 적용
- 수학적 과정 기술 : 의사소통하기-수학적 용어 사용
  연계하기-상호 연관성 이해, 하나의 결합된 전체를 만들기 위해 서로 연계

목표
- 나뭇잎의 색, 크기, 모양의 차이를 인식하고 규칙대로 배열한다.
- 수학적 용어를 이해하고 사물의 관계를 파악하여 지시대로 문제를 해결한다.

자료 색, 크기, 모양이 같거나 각각 다른 나뭇잎과 열매

놀이 방법

1 같은 종류의 나뭇잎을 찾아 크기 순대로 놓아 본다.

- "같은 나뭇잎을 찾아 가장 큰 것부터 차례대로 늘어놓거나 포개어 볼까?"

❷ 같은 종류의 나뭇잎을 찾아 한 줄로 늘어놓고, 열매를 똑같이 하나씩 아래에 놓도록 한다.

– "여기 있는 나뭇잎 아래에 열매 하나씩을 놓자."

❸ 나뭇잎과 열매, 도토리 뚜껑을 각각 하나씩 대응하여 늘어놓는다.

– "나뭇잎 하나에 열매 하나, 도토리 뚜껑 하나씩 함께 놓아 볼까?"

❹ 다른 종류의 나뭇잎을 지시대로 배열하게 한다.

– "빨갛고 동그란 잎을 가장 먼저 놓고 그 다음 노랗고 길쭉한 잎, 그 다음은 빨간 단풍잎… 순으로 놓아라."

Tip

✻ 유아가 스스로 규칙을 만들어 나뭇잎을 배열하거나 지시하면, 그 규칙에 따라 다른 사람이 나뭇잎을 배열해 볼 수 있다.

놀이 4-14. '나뭇잎' 이야기 만들기

- 수학적 지식 : 측정–사건의 순서
- 수학적 과정 기술 : 의사소통하기–수학적 아이디어를 언어로 표현, 수학적 용어 사용
  연계하기–수학 이외의 상황에서 수학 인식, 적용

목표
- 나뭇잎을 주제로 이야기를 꾸밀 수 있다.
- 순서대로 이야기를 회상할 수 있다.

자료 색과 모양이 각각 다른 나뭇잎 5개

놀이 방법

1. 나뭇잎 1개를 들고 이야기를 시작한다.
   - "나뭇잎 마을에 작고 동그란 나뭇잎이 하나 살았어."

❷ 그 다음에 어떤 이야기가 이어질지를 유아들과 함께 만들어 본다.

- "그 다음 어떻게 되었을까? 이야기해 보자."
- "혼자 있으니 심심해서 친구를 찾아 바람을 타고 날아갔대."

❸ 계속해서 유아의 생각대로 이야기를 만들어 간다.

- "다음은 어떻게 되었을까?"
- "그랬구나. 여기 노란 부채 모양의 나뭇잎을 만났대."
- "둘이서 어떻게 놀았을까?"
- "그 다음은 또 다른 나뭇잎을 만났는데, 어떤 나뭇잎일까?"

❹ 이야기를 만든 후, 다시 이야기를 순서대로 회상하며 나뭇잎으로 가상놀이를 한다.

- "처음에 어떤 나뭇잎이 주인공이었지?"
- "다음에 등장한 나뭇잎에게 뭐라고 말했을까?"
- "그래서 어떻게 되었지?"
- "네가 나뭇잎이라고 생각하고 말해 보자."

Tip

✲ 나뭇잎을 의인화하여 '바람직한 가족이나 친구관계 이야기'를 꾸미면서 유아의 대인관계 능력을 키워 줄 수 있다. 예를 들어 개구쟁이 동생과 언니 나뭇잎, 엄마·아빠·할머니·할아버지 나뭇잎, 또는 사이좋은 친구와 차례를 잘 지키는 나뭇잎 등을 주인공으로 일상에서 부딪치는 상황을 설정하여 바람직한 방향으로 문제를 해결하는 간접 경험을 할 수 있다.

놀이 4-15. 나뭇잎 2개로 동물 표현하기

- 수학적 지식 : 공간과 도형- 모양 비교
- 수학적 과정 기술 : 연계하기-사물의 상호 연관성 인식
  표상하기-매개물 활용하여 내적 사고 표현

목표
- 나뭇잎을 사용하여 몸으로 동물 모양을 구성한다.
- 자기의 생각을 자유롭게 표현할 수 있다.

자료 나뭇잎 2개

놀이 방법

1. 색과 모양, 크기가 다른 나뭇잎들을 살펴본다.
   - "어떤 나뭇잎들이 있나?"

❷ 나뭇잎 두 개를 선택하여 유아들이 잘 알고 있는 동물을 표현해 보게 한다.
- "여기서 나뭇잎 두 개만 골라서 '토끼'를 나타내 보자."
- "그렇게도 할 수 있구나. 또 다른 생각은?"

❸ 동물의 종류를 바꾸어서 나뭇잎으로 그 특징을 나타내 본다.
- "이번엔 코끼리를 나타내 보자."
- "나뭇잎이 무엇이 되었니? 코가 되었구나. 꼬리가, 귀가 되었구나."

❹ 유아가 생각해 낸 동물을 나타낸 후 동물의 이름을 맞춰 본다.
- "네 생각대로 어떤 동물인지 나타내어 봐. 내가 맞춰 볼게."
- "음… 생쥐? 비둘기? 나비? 강아지?"

Tip

✽ 동물 그림 위에 나뭇잎을 첨가하여 구성하거나(동물의 일부분을 나뭇잎으로 표현), 나뭇잎만으로 동물 모양을 구성하여 붙인 후 전시한다.

✽ 한 가지 사물로 다른 사물을 다양한 방식(신체, 콜라주)으로 표상할 수 있음을 알 수 있다.

놀이 4-16. '사계절 나뭇잎'

- 수학적 지식 : 공간과 도형-위치와 방향
  측정-시간의 흐름
- 수학적 과정 기술 : 표상하기-자신의 생각을 말과 그림으로 표현

목표
- 사계절 나뭇잎의 변화를 설명할 수 있다.
- 자기의 생각대로 이야기를 꾸미고 말과 그림으로 표현한다.

자료 16절 종이 5~6장, 사인펜

놀이 방법

1. 나뭇잎을 하나 보여 주며, 계절에 따라 변하는 모습을 연상할 수 있도록 간단한 이야기를 들려준다.
   - "나뭇잎이 하나 있었어요."
   - "나뭇잎의 이름은 리피! 리피는 어느 봄날, 큰 나무의 새싹으로 태어났어요."
   - "햇볕이 쨍쨍~ 여름에 리피는 어떤 모습일까요? 얼마만큼 자랐을까요?"
   - "바람이 서늘한 가을이 되었네요. 리피는 어떻게 될까요? 무엇을 할까요?"
   - "흰 눈이 펄펄 내리는 겨울이면 리피는 어떻게 될까요? 어떤 모습일까요?"

- "다시 봄이 왔어요. 리피는 어떻게 될까요?"

❷ 자기의 생각대로 나뭇잎을 주인공으로 하여 이야기를 만들어 다른 사람에게 들려준다.

❸ 만든 이야기에 제목을 붙이고, 이를 그림으로 그린 후(내용을 유아가 직접 쓰든지 어른이 받아 적어서) 전시한다.
- "이야기의 제목은 무엇으로 할까?"
- "어떤 이야기야?"
- "그래서 어떻게 되었어?"

Tip

✻ '이야기 꾸미기'를 주저하는 유아는 위와 같이 간단한 이야기의 틀을 기초로 어른과 함께 이야기를 만들어 갈 수 있고, 익숙한 유아는 제목 또는 주인공만 제시해 주면 무한한 상상력을 발휘하여 멋진 창작 동화를 만들 수 있다.

놀이 4-17. 『나뭇잎 등』 동화와 나뭇잎 분류

- 수학적 지식 : 확률과 통계–자료 분류
  공간과 도형–모양 구성
- 수학적 과정 기술 : 문제해결하기–적절한 전략 선택
  연계하기–일상에서 수학을 인식, 적용

목표
- 한 가지 속성 이상을 근거로 나뭇잎을 분류할 수 있다.
- 자기의 생각대로 나뭇잎을 구성한다.

자료 그림책 『나뭇잎 등』(김순성 글, 명품 꼬마 수학 동화, 한국차일드아카데미, 2009)

동화 내용

나뭇잎이 노랗게 빨갛게 물들어 있어요.
숲 속 마을 친구들은 나뭇잎으로 꾸민 등을 만들어 축제를 하기로 하였어요. 여러 가지 나뭇잎을 열심히 모아서 색깔별로, 모양별로 나누다가… 바람이 불어서 알록달록 여러 가지 색과 모양이 섞인 등으로 꾸몄어요.

놀이 방법

❶ 그림책을 유아와 함께 보며, 천천히 내용을 이야기해 준다.

- "제목은 '나뭇잎 등'"
- "등이 무엇일까?"
- "어떤 이야기일지 미리 생각해 보자."

❷ 책을 한 번 보고 난 후, 다시 그림만 처음부터 끝까지 한 번 본다.

❸ 주워 온 나뭇잎들을 색, 모양, 크기에 따라 두 가지로 구분해 본다.

- "나뭇잎들 중에 빨간색과 빨간색이 아닌 것을 나누어 보자."
- "여기 있는 나뭇잎을 둥근 것과 둥근 것이 아닌 것으로 나누어 보자."
- "나뭇잎들 중에 큰 것과 큰 것이 아닌 것 두 가지로 나누어 보자."

❹ 나뭇잎을 색, 모양, 크기가 같은 것끼리 분류해 본다.

- "나뭇잎들을 색깔이 같은 것끼리 나누어 보자."
- "다시 나뭇잎을 같은 모양끼리 나누어 보자."
- "이번엔 나뭇잎을 크기가 같은 것끼리 나누어 보자."

❺ 나뭇잎으로 만들고 싶은 모양을 구성해 본다.

- "나뭇잎을 네가 하고 싶은 대로 배열해 보자."

❻ '풍등'을 준비하여 나뭇잎을 붙이고 소원을 적어 하늘에 띄운다.

5) 4~5세 수학놀이

놀이명	수학적 지식	수학적 과정 기술	쪽수
5-1. 순서대로 놓기 (색, 건조한 상태)	측정-색의 농도, 시간	추론 및 증명하기-논의와 증명 연계하기-수학적 지식의 상호 연관성 이해	222
5-2. 대칭(접어 보기)	공간과 도형-모양 인식 측정-면적	표상하기-내적 사고 표현 연계하기-관계 파악	224
5-3. 나뭇잎과 열매 관계	수와 연산-짝 짓기 확률과 통계-구분	추론 및 증명하기-다양한 형태의 추론 의사소통하기-수학적 용어 사용	226
5-4. 꽃잎 건너뛰며 세기, 역으로 세기	수와 연산-큰 수 세기 규칙성-임의 규칙 사용	추론 및 증명하기-관계와 규칙성 파악 의사소통하기-수학적 용어 사용	228
5-5. 열매 홀짝	측정-추정 확률과 통계-사례 수 파악, 확률 경험	추론 및 증명하기-다양한 형태의 추론 의사소통하기-수학적 용어 사용	230
5-6. 땅 채우기	공간과 도형-모양 인식 측정-넓이	추론 및 증명하기-다양한 추론과 증명 방법 선택, 사용	232
5-7. 패턴 구성	공간과 도형-패턴 구성 측정-넓이	표상하기-내적 사고 표현	234
5-8. 나뭇잎 조각(반쪽 등) 찾기	수와 연산-전체와 부분 공간과 도형-모양 인식	연계하기-상호 연관성 이해	236
5-9. 나뭇잎의 앞과 뒤	수와 연산-짝 짓기 공간과 도형-모양 인식	문제해결하기-수학적 상황 해결	238
5-10. 열매로 길이 재기	측정-길이 비교, 임의 단위로 측정	추론 및 증명하기-추측 만들고 조사 문제해결하기-수학적 상황 해결	240
5-11. 열매 던지고 받기	수와 연산-수 세기 측정-거리	의사소통하기-수학적 용어 사용 연계하기-관계와 규칙성 파악	242

놀이명	수학적 지식	수학적 과정 기술	쪽수
5-12. 나무의 나이	수와 연산-어림셈 측정-임의 단위 사용 측정	추론 및 증명하기-시간 추정, 결과 증명 연계하기-연관성 인식	244
5-13. 나뭇잎 보고 그리기	공간과 도형-모양, 방향, 공간 인식	표상하기-그림으로 내적 사고 표현	246
5-14 '꽃과 잎' 짝 짓기	확률과 통계-구분, 짝 짓기	의사소통하기-수학적 사고 조직, 통합 연계하기-수학적 지식의 상호 연관성 이해, 결합된 전체로 연계	248
5-15. 『팔랑팔랑 버들잎 여행』	확률과 통계-분류, 자료 수집 결과 설명	추론 및 증명하기-추측, 조사 후 평가 의사소통하기-자신과 타인의 생각 비교, 통합	250
5-16. 『나뭇잎 자』 동화와 길이 재기	측정-길이 비교, 비표준화 측정 단위로 측정	추론 및 증명하기-수학적 추측 만들고 조사 표상하기-표상 만들고 사용	252

놀이 5-1.

순서대로 놓기 (색, 건조한 상태)

- 수학적 지식 : 측정–색의 농도, 시간
- 수학적 과정 기술 : 추론 및 증명하기–논의와 증명
  연계하기–수학적 지식의 상호 연관성 이해

목표
- 나뭇잎을 색의 농도별로 순서 짓는다.
- 시간의 흐름과 나뭇잎의 변화를 연관 지을 수 있다.

자료 색깔별 나뭇잎

놀이 방법

❶ 유아들과 함께 실외에서 색깔별로 나뭇잎을 줍는다.

– "색깔이 다른 나뭇잎들을 줍자."

❷ 나뭇잎을 펼쳐 놓고 색깔이 비슷한 것끼리 구분한다.

– "빨간색 계통인 나뭇잎, 노란색 계통인 나뭇잎, 초록색 계통인 나뭇잎, 갈색 계통인 나뭇잎 별로 따로 놓아 보자."

❸ 같은 계통의 나뭇잎을 색의 진한 정도에 따라 순서 짓는다.

- "가장 빨간 색에서부터 점점 연한 순서대로 놓아 보자."
- "왜 이렇게 놓았니?"

❹ 시간의 흐름에 따른 나뭇잎의 변화를 생각하며 나뭇잎을 순서 지어 늘어놓는다.

- "나뭇잎이 처음 생겼을 때는 어떤 모습이었을까? 나뭇잎이 점점 자라면서 어떻게 변했는지를 순서대로 놓아 보자."
- "이렇게 늘어놓은 나뭇잎에 대해 네가 이야기를 해 주겠니?"

❺ 나뭇잎이 마른(건조한) 순서대로 놓아 본다.

Tip

✲ 어떤 상황에 대하여 유아가 스스로 설명할 기회를 주는 것은 수학적 용어를 사용하여 다른 사람과 의사소통하고, 사물과의 관계를 파악하여 문제를 수학적으로 해결하는 힘을 키우는 데 매우 중요하다. 그러므로 "왜 이렇게 했는지 ○○가 이야기해 보자."고 수시로 요청하면서 유아의 수학적 사고 발달을 자극한다.

놀이 5-2. 대칭(접어 보기)

- 수학적 지식 : 공간과 도형–모양 인식
  측정–면적
- 수학적 과정 기술 : 표상하기–내적 사고 표현
  연계하기–관계 파악

목표
- 나뭇잎의 모양을 인식하고 대칭관계를 알 수 있다.
- 관계를 파악하여 문제를 해결한다.

자료 여러 종류의 나뭇잎

놀이 방법

1. 나뭇잎을 탐색한 후, 테두리를 손으로 만지며 모양을 파악한다.
   - "여기 나뭇잎은 어떤 모양이니?"
   - "한 손은 나뭇잎을 들고 한 손으로 테두리를 따라 만지며 모양을 느껴 보자."
2. 나뭇잎을 세로로 반으로 접고 어떻게 되었는지 탐색한다.
   - "나뭇잎을 서로 포개어서 접어 보자. 어떻게 되었니?"
   - "서로 남은 부분이 없이 겹쳐졌니?"

– "왜 이렇게 됐을까?"

❸ 나뭇잎을 다시 펼쳐 보고 겹쳐졌던 두 부분을 탐색한다.

– "나뭇잎을 펼쳐서 서로 생긴 모양을 살펴보자."
– "접혔던 부분이 서로 어때?"
– "잎맥은 어떤 모양이야?"

❹ 서로 포개어져 양쪽의 모양이 같은 물건에는 어떤 것들이 있는지 생각하고 조사해 본다.

Tip

✲ 크레파스로 나뭇잎 가장자리를 본뜨고 오려서 접어 본 후, 실제 나뭇잎을 접었을 때와 비교하며 대칭관계를 탐색할 수 있다.

놀이 5-3. 나뭇잎과 열매 관계

- 수학적 지식 : 수와 연산-짝 짓기
  확률과 통계-구분
- 수학적 과정 기술 : 추론 및 증명하기-다양한 형태의 추론
  의사소통하기-수학적 용어 사용

목표

- 사물의 관계를 추정할 수 있다.
- 관계를 파악하여 문제를 해결한다.

자료

나뭇잎과 꽃, 나뭇잎과 열매

놀이 방법

1. 나뭇잎, 꽃, 열매를 펼쳐 놓고 살펴본다.
   - "무엇일까?"
   - "어떤 점이 같고 어떤 점이 다른지 이야기해 보자."
2. 서로 관계가 있는 것이 있는지 추정해서 말한다.
   - "이것과 관계 있는 것은 무엇일까?"
   - "왜 그렇게 생각했니?"

❸ 유아의 생각대로 두 개씩 짝을 짓고 이유를 말한다.

- "이것과 이것을 왜 짝 지었을까?"
- "모양과 색, 그 외에 서로 닮은 점이 있는지 말해 보자."

❹ 주변에서 같은 나무와 열매를 찾아 실제로 서로 관계가 있는 것인지를 확인한다.

- "이것과 같은 나무(또는 풀)를 찾아보자."
- "실제로 보니까 어때? 이것이 단풍나무의 잎이고 이것은 단풍나무의 꽃이었구나."

- "이것은 도토리나무의 열매이고 이것은 잎이네."

- "이것은 주목의 잎이고 이것은 주목의 열매구나."

❺ 유아가 관찰하고 서로 짝 지은 것을 보기 좋게 전시해 둔다.

Tip

- 사물의 관계를 파악하는 데 실물보다 더 좋은 매체는 없다.
- 책이나 사진, 그림 등으로 경험한 것을 유아가 직접 눈으로 확인할 수 있는 기회를 제공해 줄 수 있도록 노력해야 한다.

놀이 5-4. 꽃잎 건너뛰며 세기, 역으로 세기

- 수학적 지식 : 수와 연산–큰 수 세기
  규칙성–임의 규칙 사용
- 수학적 과정 기술 : 추론 및 증명하기–관계와 규칙성 파악
  의사소통하기–수학적 용어 사용

목표

- 꽃잎으로 큰 수(20까지)를 센다.
- 임의 규칙을 만들어 건너뛰며 수 세기를 할 수 있다.

자료

떨어진 꽃잎, 나뭇가지 또는 색연필

놀이 방법

❶ 떨어진 꽃잎을 모아 펼쳐 놓으며 수를 센다.

– "여기 무엇이 있을까?"
– "이것으로 무엇을 할까?"
– "(꽃잎을 손가락으로 가리키며 유아가 셀 수 있는 만큼 수를 센다.) 하나, 둘, 셋… 열둘, 열셋… 스물, 스물하나… 서른하나…"

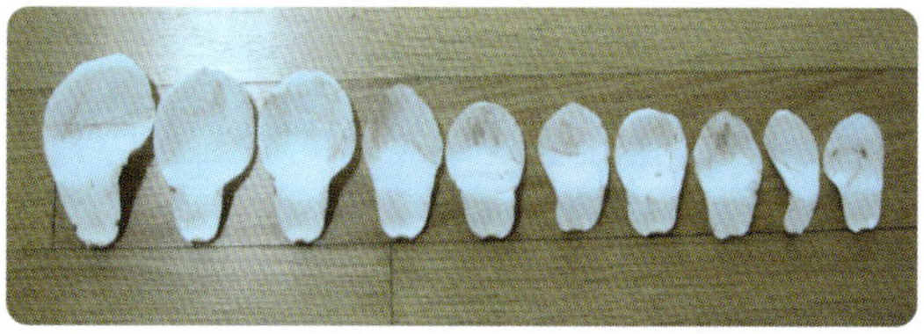

❷ 규칙을 정하여 건너뛰며 수를 세어 본다.

- "1, 2, 5, 6, 3, 4, 9, 10, 7, 8."
- "1, 3, 5, 7, 9, 2, 4, 6, 8, 10."

❸ 역으로 수를 센다.

- "서른, 스물아홉, 스물여덟, … 열여섯, 열다섯… 일곱, 여섯, … 둘, 하나."

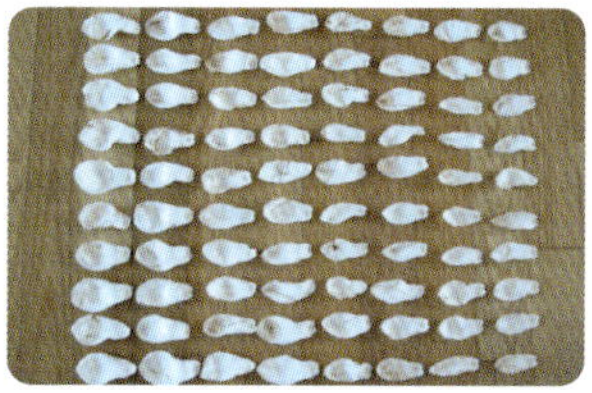

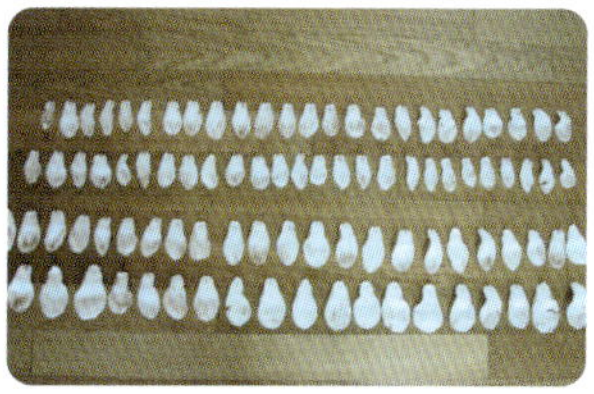

❹ 꽃잎의 수를 나뭇가지나 색연필을 이용하여 묶음으로 표시해 본다.

- "열 개씩 한 묶음으로 표시해 보고, 모두 합친 수를 말하자."

Tip

✽ 나뭇잎과 수 이름을 일대일 대응하며 수를 세는 '합리적 수 세기'가 중요하다(수 이름만 나열하는 것을 '기계적 수 세기'라고 함).

✽ 수를 건너뛰며 세거나 역으로 세어도 수의 순서가 달라지지 않음을 안다는 것도 '합리적 수 세기'의 주요 내용이므로, 규칙을 바꾸어 가며 수를 세는 경험이 필요하다.

놀이 5-5. 열매 홀짝

- 수학적 지식 : 측정–추정
  확률과 통계–사례 수 파악, 확률 경험
- 수학적 과정 기술 : 추론 및 증명하기–다양한 형태의 추론
  의사소통하기–수학적 용어 사용

목표
- 보이지 않는 열매의 수를 추정할 수 있다.
- 관계를 파악하여 문제를 해결한다.

자료 열매 5~10개

놀이 방법

❶ 열매 10개를 펼쳐 놓고 살펴본다.
– "무엇일까?"
– "몇 개인지 세어 보자."

❷ 우선 열매 다섯 개만 사용하여 양손에 넣고 흔들다가, 한 주먹에 쥐고 그 안에 몇 개가 있을지 추정해서 말한다.

- "이 손 안에 있는 열매는 몇 개일까?"
- "두 개."

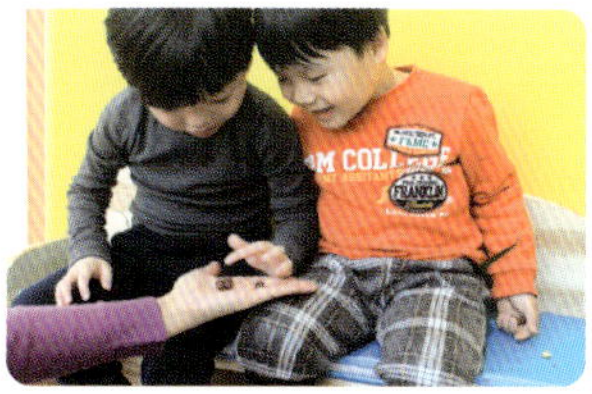
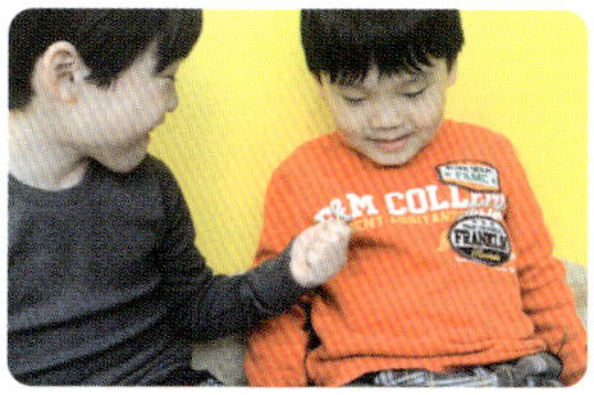

③ 양손 중 한쪽을 골라 몇 개인지를 말한 후, 다섯 개에서 그 수를 제외한 열매 몇 개가 다른 손에 있을지 추정한다.

- "이 손 안에 두 개가 있으면, 이쪽 손에는 몇 개가 있을까?"
- "세 개."

④ 열매 10개를 양손에 넣고 흔들다가, 한 주먹에 쥐고 그 안에 몇 개가 있을지 추정한다.

⑤ 유아가 한쪽 손을 선택하여 그 안에 들어 있는 열매의 수를 추정하고, 펼쳐 본 후 직접 수를 센다.

Tip

* '0'의 개념을 소개할 수 있는 기회로, 양손에 열매를 쥐고 흔들다가 한쪽 손에 열매를 몰아서 쥐면, 다른 쪽 손에는 열매가 하나도 없을 때 '없다' = '0'을 자연스럽게 알 수 있다.

놀이 5-6. 땅 채우기

- 수학적 지식 : 공간과 도형–모양 인식
  측정–넓이
- 수학적 과정 기술 : 추론 및 증명하기–다양한 추론과 증명 방법 선택, 사용

목표
- 일정한 넓이를 나뭇잎으로 채우며 수량을 비교한다.
- 관계를 파악하여 문제를 해결한다.

자료 여러 종류의 나뭇잎

놀이 방법

❶ 땅바닥에 크기가 다른 네모(또는 동그라미) 모양을 함께 그린다.
- "지금 무엇을 하고 있지?"
- "어떤 모양일까?"

❷ 크고 작은 네모 안에 나뭇잎을 겹치지 않게 올려놓는다.
- "이 네모 안에 나뭇잎이 몇 개나 들어갈지 놓아 보자."

❸ 나뭇잎의 개수를 비교해 본다.

– "와, 여기엔 나뭇잎이 몇 개가 들어가는데, 여기엔 몇 개가 들어가는구나."

❹ 나뭇잎의 양을 먼저 제시하고, 거기에 맞는 크기의 동그라미를 그려 본다.

– "이만큼의 나뭇잎이 들어가려면 얼마나 큰 집이 있어야 할지 그려 보자."

❺ 그려진 모양의 크기에 나뭇잎이 넘치는지, 모자라는지를 평가한다.

– "아, 나뭇잎이 너무 많아 집이 더 커야겠네."

Tip

✲ 일정한 넓이를 나뭇잎으로 채우는 경험을 통해, 셀 수 없는 사물의 양적 개념을 나뭇잎이라는 셀 수 있는 사물의 개수와 연계하여 수와 양을 비교하고 측정하는 경험을 할 수 있다.

놀이 5-7. 패턴 구성

- 수학적 지식 : 공간과 도형-패턴 구성
  측정-넓이
- 수학적 과정 기술 : 표상하기-내적 사고 표현

목표
- 나뭇잎과 열매를 이용하여 여러 가지 모양을 구성할 수 있다.
- 자기가 생각한 바를 사물과 언어로 표현한다.

자료 여러 종류의 나뭇잎, 열매

놀이 방법

1. 한 가지 또는 여러 종류의 나뭇잎과 열매를 탐색한 후, 이를 이용하여 모양을 구성한다.
   - "여기 무엇이 있을까?"
   - "이것으로 어떤 모양을 만들 수 있을까?"

2. 구성한 모양에 대해 이름 짓고 말로 설명한다.
   - "무엇이지? 어떻게 생겼니?"

❸ 계속해서 다른 모양을 구성해 본다.

❹ 나뭇잎의 개수와 사물을 정해 주고(예: 나뭇잎 3개로 꽃을 만들어 보아라 등) 다양한 시도를 해 보게 한다.

- "이번엔 이런 꽃을 만들었는데, 다른 나뭇잎 3개로 어떤 꽃을 만들 수 있을까?"

❺ 다른 유아가 구성한 것을 보고 그대로 재현해 보게 한다.

- "○○가 한 것과 똑같이 구성할 수 있을까?"

Tip

✲ 유아가 관심을 가지는 것은 무엇이든 구성해 볼 수 있도록 나뭇가지, 열매, 돌멩이 등을 첨가해 준다.

놀이 5-8. 나뭇잎 조각(반쪽 등) 찾기

- 수학적 지식 : 수와 연산–전체와 부분
  공간과 도형–모양 인식
- 수학적 과정 기술 : 연계하기–상호 연관성 이해

목표
- 나뭇잎의 부분과 부분을 합하여 전체를 구성할 수 있다.
- 모양과 크기, 색깔의 속성을 파악하여 문제를 해결한다.

자료 여러 종류의 나뭇잎 조각들

놀이 방법

❶ 나뭇잎을 주워 바닥(또는 종이)에 대고 본을 떠서 크기를 기록해 둔다.
– "나뭇잎 모양을 그려 두자."

❷ 나뭇잎을 반(1/2)으로 접어 본 후, 자른다.
– "여기 무엇이 있니? 어떻게 하면 반이 되게 할까? 이것을 반으로 잘라 보자."

❸ 세로로 두 조각 낸 나뭇잎들을 그려 놓은 본에 올려놓으며 맞는지 확인한다.

④ 다른 나뭇잎들을 각각 반으로 잘라서 섞어 놓고, 서로 같은 짝을 찾아 맞춘다.

- "같은 나뭇잎을 찾자."

⑤ 세 조각, 네 조각, 다섯 조각 등으로 나누어진 나뭇잎을 같은 것끼리 찾아 색지 위에 하나의 나뭇잎으로 맞추어 붙인다.

Tip

✻ 조각을 찾기 쉽도록 어른 손만큼 큰 나뭇잎을 이용하고, 유아와 함께 가위로 자르고, 조각을 찾아 붙인 색지(나뭇잎 모자이크)는 전시해 둔다.

놀이 5-9. 나뭇잎의 앞과 뒤

- 수학적 지식 : 수와 연산–짝 짓기
  공간과 도형–모양 인식
- 수학적 과정 기술 : 문제해결하기–수학적 상황 해결

목표
- 나뭇잎의 앞면과 뒷면을 구분한다.
- 규칙에 따라 문제를 해결할 수 있다.

자료 손바닥 크기의 나뭇잎 30장

놀이 방법

1 여러 가지 나뭇잎을 주워 모아 종류별로 나뭇잎의 앞과 뒤를 비교한다.
– "여러 가지 나뭇잎 중 같은 것을 찾아 짝 짓고 앞면과 뒷면을 비교해 보자."

❷ 나뭇잎의 반은 앞면을, 반은 뒷면을 볼 수 있게 펼쳐 놓는다.

❸ 게임을 할 경우, 앞면으로 뒤집을 유아와 뒷면으로 뒤집을 유아를 정한다.

❹ 규칙을 확인한 후 시작 신호에 맞추어, 각자 맡은 대로 나뭇잎의 앞면과 뒷면을 '정지' 신호가 있을 때까지 뒤집는다.

❺ 뒤집어진 나뭇잎의 앞면과 뒷면 개수를 세어 비교한다.

Tip

* '방석 뒤집기' 게임을 나뭇잎을 이용하여 하는 것으로, 대근육운동과 민첩성뿐만 아니라 사물에 대한 주의력을 키울 수 있다.

놀이 5-10. 열매로 길이 재기

- 수학적 지식 : 측정–길이 비교, 임의 단위로 측정
- 수학적 과정 기술 : 추론 및 증명하기–추측 만들고 조사
  문제해결하기–수학적 상황 해결

목표
- 나뭇가지나 나뭇잎의 길이를 열매의 수(비표준화된 측정 도구)로 측정한다.
- 문제를 해결하기 위해 다양한 형태로 추론, 조사하고 증명 방법을 사용할 수 있다.

자료 나뭇가지, 나뭇잎, 열매

놀이 방법

❶ 여러 가지 길이의 나뭇가지, 나뭇잎, 열매를 주워 종류별로 분류한다.
- "여기 무엇이 있니?"
- "같은 종류끼리 모아 보자."

❷ 모아진 나뭇가지와 나뭇잎, 열매의 길이를 탐색한다.
- "여기 있는 나뭇가지(또는 나뭇잎, 열매)의 같은 점과 다른 점을 찾아보자."

- "무엇이 각각 다를까?"
- "그래, 나뭇가지와 나뭇잎들은 각각 길이가 다르구나."

③ 길이가 어떻게 다른지 알 수 있는 방법을 찾아본다.

- "어떻게 하면 이 나뭇가지(나뭇잎)의 길이를 알아볼 수 있을까?"
- "서로 비교해 보는 것 말고 다른 방법은?"

④ 열매로 나뭇잎(또는 나뭇가지)의 길이를 재고 그 수를 비교한다.

- "열매를 나뭇가지(또는 나뭇잎)의 길이만큼 옆에 놓아 보자."
- "이 나뭇가지 옆에는 열매를 몇 개나 놓았니? 나뭇가지 옆에 놓은 열매의 수를 서로 비교해 보자."

⑤ 나뭇가지의 길이를 비교한 후 '보다 길다' 또는 '보다 짧다'는 용어를 사용하여 나뭇가지들 간의 관계를 언어로 표현해 본다.

- "이 나뭇가지는 이 나뭇가지보다 열매 하나만큼 길이가 길구나."
- "이 나뭇잎은 이 나뭇잎보다 열매 2개만큼 길이가 짧구나."

Tip

✻ '표준화된 측정 도구'에는 자, 저울, 계량컵 등이 있지만 나뭇잎, 나뭇가지, 열매 등은 각각 '비표준화된 측정 도구'로 사용될 수 있다. 즉, 물건의 길이를 알아보기 위하여 나뭇가지나 나뭇잎, 열매 등을 그 길이만큼 나열하여 몇 개의 나뭇가지(또는 나뭇잎, 열매)가 사용되었는지를 보고 물건의 길이를 어림셈할 수 있고, 길이의 차이를 수로 나타낼 수 있다.

놀이 5-11. 열매 던지고 받기

- 수학적 지식 : 수와 연산–수 세기
  측정–거리
- 수학적 과정 기술 : 의사소통하기–수학적 용어 사용
  연계하기–관계와 규칙성 파악

목표
- 열매의 크기와 무게, 거리를 고려하여 던지고 받기를 할 수 있다.
- 관계와 규칙성을 파악하여 문제를 해결한다.

자료 유아 주먹 크기의 열매, 나뭇가지

놀이 방법

1. 주변에서 유아의 주먹만큼 큰 열매를 찾아 자세히 관찰한다.
   - "여기 무엇이 있을까? 크기는? 무게는?"
2. 가까운 거리에서 던지고 받는 놀이를 제안하여 같이 해 본다.
   - "이것으로 무엇을 할 수 있을까?"
   - "내가 던지면 받아 볼래?"

❸ 처음엔 30cm 거리에서 던지고 받다가 점차 60cm, 1m, 2m로 거리를 넓혀 나간다.

❹ 열매의 크기나 종류를 바꾸어 던지고 받기를 한다.

❺ 나무판이나 운동기구(배드민턴 채, 야구방망이 등)를 사용하여 주고받기를 한다.

Tip

✲ 열매나 나뭇가지의 크기와 무게를 고려하여 거리를 변경해 가며 주고받기를 함으로써 사물의 무게와 크기, 떨어진 거리에 따라 힘을 조절하는 능력을 키울 수 있다.

놀이 5-12. 나무의 나이

- 수학적 지식 : 수와 연산–어림셈
  측정–임의 단위 사용 측정
- 수학적 과정 기술 : 추론 및 증명하기–시간 추정, 결과 증명
  연계하기–연관성 인식

목표
- 나무 기둥의 지름을 임의 단위로 나누어 길이를 비교할 수 있다.
- 나이테를 관찰하고 수를 센다.

자료 나이테가 있는 나무 기둥

놀이 방법

1. 잘라 놓은 나무 기둥을 자세히 살펴본다.
   - "나무 기둥의 껍질은 어떻게 생겼니?"
   - "속에는 무엇이 있니?"

❷ 나이테를 찾아 그 수를 세고 나무의 나이를 추정 · 비교해 본다.

- "잘라진 나무 기둥 속에서 동그란 무늬를 찾아보자."
- "이것을 무엇이라고 할까?"
- "나이테는 1년에 하나씩 생기는데 나무의 나이를 알 수 있단다."
- "여기 이 나무에는 동그라미가 몇 개인지 세어 보자."
- "그래, 동그란 무늬가 다섯 개이면 이 나무의 나이는 몇 살일까?"
- "나이가 가장 많은 나무는 어떤 것일까?"

❸ 나무의 지름을 재어 보고 나이테 수와 비교해 본다.

- "나이테의 길이를 어떻게 알 수 있을까?"
- "나무 기둥의 지름을 어떻게 잴까?
- "그래, 이 끈 또는 나뭇가지로 재어 보자."
- "나이테 수가 많으면 지름의 길이도 길까?"
- "지름의 길이가 가장 긴 것은? 나이테 수도 가장 많을지 세어 보자."

Tip

- 나무의 나이테는 보이지 않고 셀 수 없는 시간의 흐름을 눈으로 보고 셀 수 있는 '숫자로 표현'하고 소통할 수 있게 해 준다.
- 나이테의 수는 '하나, 둘…'로, 시간의 흐름은 '1년, 2년…'으로, 나무의 나이는 '한 살, 두 살…'로 명명하며 사물에 따라 각각 다른 수 단어를 소개해 주도록 한다.

놀이 5-13. 나뭇잎 보고 그리기

- 수학적 지식 : 공간과 도형-모양, 방향, 공간 인식
- 수학적 과정 기술 : 표상하기-그림으로 내적 사고 표현

목표
- 나뭇잎을 보고 크기와 모양, 특징을 인식한다.
- 자기의 생각대로 사물을 그림으로 표상할 수 있다.

자료 여러 종류의 나뭇잎, 종이, 크레파스, 가위

놀이 방법

❶ 여러 종류의 나뭇잎을 살펴보고, 자신이 보고 그릴 나뭇잎 하나를 선택한다.
- "여기 나뭇잎 중에서 어떤 것을 그렸으면 좋을지 선택하자."

❷ 나뭇잎의 크기와 모양, 색깔, 특징을 자세히 살펴보며 종이 위에 크레파스로 그림을 그린다.
- "나뭇잎의 크기는 얼마만 하니?"
- "모양은?"

③ 자기가 그린 나뭇잎에 색칠을 하고, 가위로 오려 낸다.

④ 오려 낸 종이 뒷면도 색칠을 하여 준비된 나무에 붙이거나 매단다.

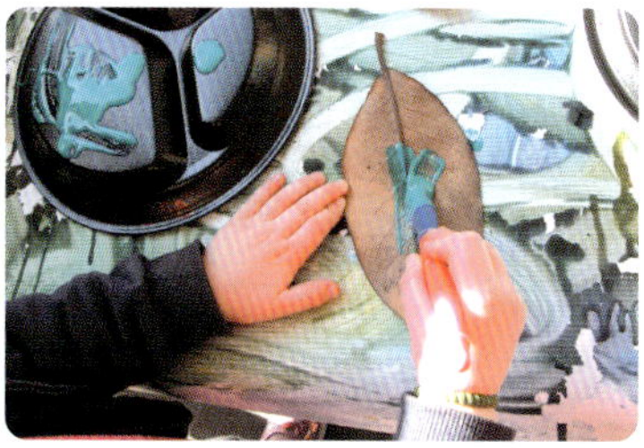

Tip

✻ 사물을 그림으로 표상하는 활동은 그것의 기하학적 특징을 인식하고 종이라는 제한된 공간에 사물의 모양과 방향, 위치를 대소근육을 이용하여 배치하는 인지적·신체적·정서적 능력이 복합적으로 작동하는 과정이다.

놀이 5-14. '꽃과 잎' 짝 짓기

- 수학적 지식 : 확률과 통계-구분, 짝 짓기
- 수학적 과정 기술 : 의사소통하기-수학적 사고 조직, 통합
  연계하기-수학적 지식의 상호 연관성 이해, 결합된 전체로 연계

목표
- 같은 종류의 꽃과 잎을 짝 지을 수 있다.
- 사물의 관계를 파악하여 문제를 해결할 수 있다.

자료 꽃(또는 열매), 나뭇잎,
꽃나무와 잎이 나와 있는 책

놀이 방법

❶ 주변에 떨어져 있는 꽃(또는 열매)과 나뭇잎을 모아 탐색한다.
- "어떤 나무의 꽃일까?"
- "모양, 크기, 색, 꽃잎의 수는 몇 개이니?"
- "나뭇잎의 색, 크기, 모양, 냄새, 촉감은 어떠니?"

❷ 유아들이 같은 나무(풀)의 잎과 꽃이라고 생각한 것을 각각 짝 지어 본다.

- "이것은 틀림없이 도토리나무의 잎이에요."
- "이것과 이것은 색이 같기 때문에 같은 나무의 것일 거예요."

③ 유아들과 함께 주변의 나무를 둘러보며, 같은 종류의 꽃(열매)과 잎을 찾아 확인한다.

- "여기 이 나무의 잎과 열매를 찾아보자. 우리가 예상한 것과 어떠니?"
- "어떤 점이 같아? 색, 모양, 크기, 촉감, 냄새 등을 비교해 보자."

④ 책에 나와 있는 나무와 꽃(열매), 잎을 실제와 비교하고 이야기 나눈다.

- "여기 책에 있는 사진과 실제를 비교해 보자. 어떠니?"
- "무슨 나무라고? 꽃(열매)은 먹을 수 있는 것일까?"
- "잎은 어떻게 달려 있니?"

⑤ 유아들이 관찰한 것을 다른 사람이 발견한 것과 비교하며 이야기 나누게 한다.

Tip

✻ 꽃(열매)과 잎을 짝 짓고 실제 나무를 찾아 확인하고 돌아온 후, 그 식물의 성장과 특징과 관련된 정보를 책이나 인터넷 검색 등으로 함께 찾아보면서 유아의 흥미를 지속시킬 수 있다.

놀이 5-15. 『팔랑팔랑 버들잎 여행』

- 수학적 지식 : 확률과 통계–분류, 자료 수집의 결과 설명
- 수학적 과정 기술 : 추론 및 증명하기–추측, 조사 후 평가
  의사소통하기–자신과 타인의 생각 비교, 통합

목표
- 한 가지 이상의 속성에 근거하여 나뭇잎을 분류한다.
- 시간의 흐름에 따른 나뭇잎의 변화와 자연의 순환을 이해한다.

자료 그림책 『팔랑팔랑 버들잎 여행』(안네 묄러 글·그림, 김영진 옮김, 비룡소, 2011), 나뭇잎 10개 이상

동화 내용

바람에 날려간 버들잎 열 개는 어디로 갔을까요?
청설모가 채어 간 버들잎은 어디에 쓰일까요?
공원으로 날아간 버들잎은 무엇이 될까요?
버드나무 밑에 떨어진 버들잎은 어떻게 변할까요?

놀이 방법

❶ 그림책을 함께 본 후 시간의 흐름과 나뭇잎의 관계에 대해 이야기 나눈다.

- "나뭇잎이 처음 떨어질 때는 어떤 상태일까?"
- "시간이 지날수록 나뭇잎은 어떻게 될까?"
- "왜 그럴까?"

❷ 떨어진 지 얼마 되지 않은 나뭇잎과 오래된 나뭇잎으로의 변화 과정을 볼 수 있는 나뭇잎을 10개 이상씩 주워 오도록 한다.

❸ 주워 온 나뭇잎을 시간의 경과에 따라 두 묶음으로 나누고 수를 센다.

- "떨어진 지 오래된 나뭇잎은 이쪽에, 방금 떨어진 나뭇잎은 저쪽에 놓자."
- "왜 이렇게 놓았지? 왜 그렇게 생각했니?"
- "수를 세고 비교해 보자."

❹ 세 묶음 또는 네 묶음으로 나뭇잎을 분류한다.

- "이번엔 방금 떨어진 것들, 조금 시간이 지난 것들, 떨어진 지 오래된 것들 세 가지로 나누어 보자."
- "몇 개씩이야? 어떤 것이 가장 많으니?"

❺ 시간의 경과에 따른 순서대로 나뭇잎을 한 줄로 배열해 본다.

- "떨어진 지 가장 오래된 것을 왼쪽에 놓고 점점 최근 것까지 한 줄로 늘어놓아 보자."

❻ 사용한 나뭇잎을 어떻게 처리할지를 의논하여 정리한다.

놀이 5-16. 『나뭇잎 자』 동화와 길이 재기

- 수학적 지식 : 측정–길이 비교, 비표준화 측정 단위로 측정
- 수학적 과정 기술 : 추론 및 증명하기–수학적 추측 만들고 조사
  표상하기–표상 만들고 사용

목표
- 동화의 내용을 이해하고 사물의 관계를 파악한다.
- 나뭇잎을 비표준화 측정 단위로 사용할 수 있다.

자료
그림책 『나뭇잎 자』(최서연 글, 이솔 그림, 기탄교육, 2008)

동화 내용

나무 아래에서 동물들이 왁자지껄 다투는 소리가 들려왔어요. "내 꼬리가 더 길어." … 여러 동물들이 목소리 높여 싸우고 있어요. … 할머니는 모든 동물들에게 길든 짧든 각자의 꼬리가 모두 소중하다는 것을 알려줍니다.

놀이 방법

1. 그림책을 유아와 함께 보며, 천천히 내용을 이야기해 준다.

- "제목은 '나뭇잎 자'"
- "어떤 이야기일까?"

❷ 책을 한 번 보고 난 후, 그림만 처음부터 끝까지 다시 한 번 본다.

❸ 나뭇잎을 제시하며, 무엇을 재어 볼 수 있는지 이야기 나눈다.
- "무엇을 잴까?"
- "어떻게 잴까?"

❹ 주변의 사물을 나뭇잎으로 재어 보고 서로 길이를 비교한다.
- "이것은 나뭇잎 몇 개만큼 길었지?"
- "이것을 재려면 나뭇잎 몇 개가 필요한지 세어 보자."
- "어떤 것이 얼마나 더 길까?"
- "어떤 것이 얼마만큼 더 짧으니?"

❺ 계속해서 세 가지 혹은 네 가지 사물을 나뭇잎으로 재어 보고 길이를 비교한다.

❻ 나뭇잎을 동화책 위에 올려놓아서 책의 크기(넓이)를 추정하고 다른 사물(종이, 바구니 등)과 비교할 수 있다.

❼ 또 다른 길이 측정 도구를 주변에서 찾아본다.

나/뭇/잎/수/학/놀/이

즐/겁/게/배/우/는/영/유/아/수/학

참고문헌

고은미 (2008). 역동적 유아측정능력검사의 개발 및 적용 연구. 부산대학교 대학원 박사학위논문.

곽노의 (1999). 자유발도르프 유아교육(21세기 유아교육 모델로서). 서울: 밝은 누리.

곽노의 (2000). 유아교육사상. 문음사.

교육과학기술부 (2009). 유치원 교육활동 지도자료집.

교육과학기술부 (2009). 7차 개정 초등교육과정.

교육과학기술부, 서울교육대학교 국정도서편찬위원회 (2009). 초등학교 1, 2, 3학년「수학」,「수학 익힘책」. 서울: 두산동아.

교육과학기술부 (2011). 유치원 교육과정.

교육과학기술부, 보건복지부 (2011). 5세 누리과정 해설서.

권영례 (2010). 유아수학교육(2판). 서울: 양서원.

권영례, 이영자, 이정욱 (1998). 청삼아동문제연구소 시리즈 14: 3, 4, 5세 유아를 위한 수학교육과정 모델 개발의 준거. 서울: 창지사.

김소향 (2004). 수학 게임을 통한 유아의 수학적 지식, 수학적 과정 기술, 수학적 태도에 대한 평가 도구 개발 연구. 덕성여자대학교 대학원 박사학위논문.

김소향, 안경숙 (2009). 영유아 수 · 과학교육. 서울: 양서원.

김숙령 (2002). 제6차 유치원 교육과정에 기초한 유아수학교육. 서울: 학지사.

김숙자, 김지영 (2007). 자연물을 활용한 유아 수학 교육활동 경험. 유아교육논총. 11(4), 199-222.

김영선 (2002). 유아수학교육의 이론과 실제. 서울: 교육과학사.

김정원, 강숙현, 전선옥 (2000). 유아교육평가의 이해. 서울: 양서원.

김정주 (2008). 자연친화적 수학놀이 구성하기 프로그램 개발 및 효과. 중앙대학교 대학원 박사학위논문.

김정주, 조형숙 (2008). 자연물을 활용한 수학놀이 구성하기 활동이 유아의 수학문제해결력과 환경친화적 태도에 미치는 효과. 유아교육학논집. 12(6), 173-193.

김지영 (2004). NCTM의 유아수학교육 내용 기준에 근거한 유아수학능력 평가 도구 개발. 원광대학교 대학원 박사학위논문.

김창복, 황정숙, 김경철 (2005). 유아수학교육. 서울: 양서원.

나귀옥, 김경희 (2004). 유아 수학교육 이론과 실제. 서울: 학지사.

배소연, 서현아, 백혜리, 강민정 (2003). 유아를 위한 수학교육론. 서울: 양서원.

보건복지부 (2012). 제2차 표준보육과정.

서유헌 (2009). 두뇌와 교육-뇌를 알고 가르치자. 네이버캐스트.

서현아, 배지미, 최남정 (2004). 수학활동자료 보유현황 및 활용정도에 관한 교사 인식. 열린유아교육학회, 열린유아교육연구. 9(3), 93~117

신화식 (1996). 몬테소리 교육의 이론과 실제. 서울: 양서원.

여성가족부(2007). 표준보육과정.

오문자 (2010). 레지오 알아가기(한국에서 레지오교육의 재구성). 서울: 정민사.

오영희, 주혜영 (2001). 영유아교육활동의 실제. 서울: 양서원.

유지은 (2010). 수학 활동을 통한 유아 수학능력 수행평가 준거 개발 및 적용. 원광대학교 대학원 사학위논문.

이경민, 서동미, 엄은나 (2009). 유치원 교사들이 인식한 '좋은 수업'의 의미. 한국교원교육학회 논문집. 26(1), 109-144.

이경우 외 (1997). 유아 수학교육의 이론과 실제. 서울: 양서원.

이미혜 (2010). 자연친화적 유아미술교육 프로그램 개발 및 효과. 전남대학교 대학원 박사학위논문.

이영, 조연순 (1997). 아동의 세계-태내기에서 청년기 발달까지-. 서울: 양서원.

이은영 (2010). 역할놀이를 활용한 유아수학교육 프로그램 구성 및 적용효과. 중앙대학교 대학원 박사학위논문.

이정욱, 유연화 (2008). 유아수학교육. 서울: 정민사.

임재택 (2008). 생태유아교육개론. 서울: 양서원.

임재택, 김은주, 하정연, 권미량, 조채영 (2008). 생태유아교육 프로그램. 경기: 공동체.

자연주의 유아교육실천연구회 (2011). 자연주의 유아교육프로그램. 경기: 공동체.

장희정 (2010). 숲 유치원(설립에서 프로그램까지). 서울: 호미.

정연희 (2009). 유아수학교육. 서울: 창지사.

지옥정 (2007). 프로젝트 접근법을 활용한 유아기 자연친화교육. 서울: 창지사.

지옥정, 이상현, 연숙자 (2006). 자연 친화교육 프로그램. 서울: 양서원.

차윤정 (2009). 숲 생태학 강의. 서울: 지성사.

차현화, 홍혜경, 김현 (2006). 유아수학교육 내용체계에 대한 유치원, 어린이집, 초등학교 교사 간의 인식 비교. 교육과학연구. 37(3), 155-197.

천혜영, 홍혜경(2009). 영아수학적 탐색활동 프로그램 개발 및 효과-만 2세 영아를 중심으로. 유아교육학회지. 13(4), 137-160.

천희영, 서현아, 최미현, 좌승화 (2005). 유아수학교육의 목표와 내용별 수학활동 실제 및 영향 변인의 분석. 미래유아교육학회. 제12(1), 339-360.

최혜진 (2003). 유아수학능력검사 개발 연구. 부산대학교 대학원 박사학위논문.

최혜진, 황해익 (2007). 유아수학 학습능력의 역동적 평가 결과의 활용 방안 모색: 개별 유아의 사례를 중심으로. 유아교육학논집, 10(2), 5-31.

한유미 (2009). 유아수학교육. 서울: 창지사.

홍정선, 김경철 (2006). 유아 놀이와 자유선택활동의 뇌과학적 이해. 한국열린유아교육학회 2006년 춘계학술대회, 323-344.

홍혜경 (2009). 유아 수학능력 발달과 교육. 서울: 양서원.

황의명, 조형숙, 서동미 (2009). 유아수학교육. 서울: 정민사.

황정숙 (1996). 유아 수학 교육의 효과적 지도: 구체물 조작에 의한 활동 중심과 학습지에 의한 교사 중심 교수 방법의 비교 연구. 중앙대학교 대학원 박사학위논문.

황정숙 (2002). 유아기 수학 교수-학습 방법에 대한 연구. 한국수학교육학회지 시리즈E. 수학교육 논문집. 2, 107-127

황해익, 김선형, 조은래 (2011). 유아수학학습능력의 역동적 평가도구의 타당화 연구. 열린유아교육연구. 16(5), 425-447.

황해익, 송연숙, 최혜진, 정혜영, 이경철, 민순영, 박순호, 손원경 (2001). 유아교육기관에서의 포트폴리오 평가. 서울: 창지사.

Althouse, R. (1994). *Investigation mathematics with young children.* NY: Teachers College Press.

Bredekamp, S., & Copple, C. (Eds.). (1997). *Developmentally appropriate practice in early childhood programs* (Rev. edn.). Washington, DC: National Association for the Education of Young Children.

Charlesworth, R. (2005). *Experiences in math for young children*(5th ed.). Clifton Park, NY: Thomson Delmar Learning.

Copley, J. V. (2010). *The Young Child and Mathematics*(2nd de.). Washington, DC: NAEYC.

Coply, J. V., Jones, C., & Dighe, J. (2007). *Mathematics: The creative curriculum approach.* Washington, D.C. : Teaching Strategies.

Dewey, J. (1938). *Experience and Education and Back to Basics.* A Publishing Co.

Ginsburg, H. P., Lee, J. S., & Boyd, J. S. (2008). Mathematics education for young children: What it is and how to promote it. *Social Policy Report: Giving child and youth development knowledge away, 22*(1), 1-23.

Hoorn, J. V., Nourot, P. M., Scales, B., & Alward, K. R. (2006). *Play at the center of the currirulum.* Upper Saddle River, NJ: Merril Prentice Hall.

Katz, L. & Chard, S. (1989). *Engaging children's mind: The project approach. Norwood.* NJ: Ablex.

Kamii, C. (1990). *Constructivism and beginning arithmetic* (K-2). In T. Cooney & C. Hirsch(Eds.), Teaching and learning mathematics in the 1990s(pp.22-30). Reston, VA: National Council of Teachers of Mathematics.

Kennedy, L. M. & Tipps, S.(2000). *Guiding Children's Learning of Mathematics*(Ninth Edition). Wadsworth Thomson Learning.

Klein, A., & Starkey, P. (2002). *Pre-K mathematics curriculum.* Glenview, IL: Scott Foresman.

NAEYC & NCTM (2002). Early childhood mathematics: Promoting good beginnings [electronic version]. Retrieved 10 July 2009, www.naeyc.org/positionstatements/mathematics

National Council of Teachers of Mathematics (2000). *Principles and Standards for School Mathematics.* Reston, VA: NCTM

NCTM (2000). 학교 수학을 위한 원리와 규준. 류희찬, 조완영, 이경화, 나귀수, 김남균, 방정숙 옮김. 서울: 경문사.

Pardron, Y. N. (2000). *Improving opportunities and access to mathematics learning in the early years*. In J. Copley(Ed.). Mathematics in the early years. Washington, DC: National Association for the Education of Young Children.

Piaget, J. (1965). *The child's conception of number.* New York: Noton.

Richardson, C., & Salkeld, L. (1995). Transforming mathematics curriculum. In S. Bredekamp & T. Rosegrant (Eds.), *Reaching potentials: Transforming early childhood curriculum and assessment* (Vol. 2, pp. 23-42). Washington, DC: NAEYC.

Smith, S. S. (2006). *Early childhood mathematics*(3rd ed.). Boston: Allyn & Bacon.

Ward, C. S. (1993). *Developmental versus academic mathematics education: Effects on problem-solving performance and attitudes toward mathematics in kindergarten.* Peabody College for Teachers of Vanderbilt University, Ed.D.

Whitebread, D. (2012). *Developmental psychology and early childhood education: a guide for students and practitioners.* London; Thousand Oaks, CA: SAGE.

Whitin, D. J., Mills, H., & O' Keefe, T. (1990). *Living and learning mathematics: Stories and Strategies for Supporting Mathematical Learning.* Portsmouth, NH: Heinemann.

Wolfinger, D. M. (1988). One point of view : Mathematics for the young child- Not arithmetic. *Arithmetic Teacher, 35*(6), 4.

Woodward, J. (2009). 뇌는 정말 신기해!(뇌의 잠재력을 깨우는 두뇌 훈련법). 서유헌 역. 서울: 해나무.

Yackel, E., Cobb, P., Wood, T., Wheatley, G., & Merkel, G. (1990). The importance of social interaction in children' s construction of mathematical knowledge. In T. J. Cooney & C. R. Hirsch(Eds., *Teaching and learning in the 1990s,* pp. 12-21). Reston, VA: National Council of Teachers of Mathematics.

인천대 숲유아교육연구소 http://www.waldedu.co.kr/

한국 생태유아교육학회 http://www.ecoece.or.kr/

저 자 소 개

황정숙　중앙대학교 사범대학 유아교육학과, 동대학원 석사, 박사 졸업

전 중앙대학교, 신구대학 부속 유치원 교사

전 한림정보산업대학 유아교육과 조교수

현 청강문화산업대학교 유아교육과 교수

저서 및 연구　영유아 놀이지도(2011, 양서원), 유아교과교육론(2010, 창지사),

유아수학교육(2005, 양서원) 외 다수

그림책을 활용한 교사 개입 수학활동에서의 만 5세 유아의 수학적 탐구(2009),

3세 유아의 자료 유형에 따른 수 대응 능력(2007) 외 다수

나뭇잎 수학놀이

– 즐겁게 배우는 영유아수학

초판 1쇄 발행 2012년 6월 27일
초판 2쇄 발행 2013년 8월 23일

지은이 | 황정숙
펴낸이 | 김기섭
편집인 | 태선옥
펴낸곳 | 창지사 www.changjisa.com
153-802 서울시 금천구 가산동 345-13 파트너스타워1차 (9F, B1F)
전화 (02) 719-2211~3
팩스 (02) 701-9386
등 록 | 1977년 4월 28일 · 제1-421호

ISBN 978-89-426-0660-3 (93370)

값 16,000원